高等职业教育汽车制造与装配技术专业规划教材

Automobile AutoCAD
汽车 AutoCAD

于　宁　李敬辉　**主　编**
郑　涛　王立超　**副主编**

人民交通出版社股份有限公司
China Communications Press Co.,Ltd.

内 容 提 要

本书基于AutoCAD2016中文版,是面向职业院校汽车专业编写的一本应用性及实践性很强的专业基础课程教材。本书将AutoCAD绘图知识与汽车零部件的测绘相结合,主要介绍AutoCAD常用命令和汽车零件的测绘方法。本书本着"必须""够用"为度,通过相关绘图案例的学习,使学生对AutoCAD技术的发展和应用有一个全面的了解,初步掌握专业所需的AutoCAD基本知识和应用技巧;掌握工程图基本绘图命令、编辑命令、尺寸标注、图形变换等命令的使用方法。重点通过案例教学,学会用AutoCAD去解决生产设计中的问题,掌握用AutoCAD测绘常见的汽车零部件,为学生进入无纸化的测绘作业提供实质性的帮助。

本书是高等职业教育汽车制造与装配技术专业规划教材,还适合作为从事汽车设计和零部件设计相关工作人员的参考书。

图书在版编目(CIP)数据

汽车AutoCAD／于宁,李敬辉主编.—北京:人民交通出版社股份有限公司,2016.4
高等职业教育汽车制造与装配技术专业规划教材
ISBN 978-7-114-12913-1

Ⅰ.①汽… Ⅱ.①于… ②李… Ⅲ.①汽车—计算机辅助设计—AutoCAD软件—高等职业教育—教材 Ⅳ.①U462-39

中国版本图书馆CIP数据核字(2016)第065007号

高等职业教育汽车制造与装配技术专业规划教材

书　　名:	汽车AutoCAD
著 作 者:	于　宁　李敬辉
责任编辑:	夏　韡
出版发行:	人民交通出版社股份有限公司
地　　址:	(100011)北京市朝阳区安定门外外馆斜街3号
网　　址:	http://www.ccpress.com.cn
销售电话:	(010)59757973
总 经 销:	人民交通出版社股份有限公司发行部
经　　销:	各地新华书店
印　　刷:	北京市密东印刷有限公司
开　　本:	787×1092　1/16
印　　张:	8.75
字　　数:	206千
版　　次:	2016年4月　第1版
印　　次:	2020年2月　第2次印刷
书　　号:	ISBN 978-7-114-12913-1
定　　价:	22.00元

(有印刷、装订质量问题的图书由本公司负责调换)

高等职业教育汽车制造与装配技术
专业规划教材编委会

主 任 委 员：
  赵 宇(长春汽车工业高等专科学校)

副主任委员：
  宋金虎(山东交通职业学院)   马志民(包头职业技术学院)
  贾永峰(陕西交通职业技术学院) 邰 茜(河南交通职业技术学院)

委   员：
  刘敬忠(浙江同济科技职业学院) 卢洪德(山东交通职业学院)
  郑 涛(长春汽车工业高等专科学校) 侯文志(山东交通职业学院)
  王立超(长春汽车工业高等专科学校) 李敬辉(长春汽车工业高等专业学校)
  李 莎(陕西交通职业技术学院) 刘冬梅(陕西交通职业技术学院)
  徐生明(四川交通职业技术学院) 潘伟荣(广东交通职业技术学院)
  谢慧超(湖南交通职业技术学院) 官海兵(江西交通职业技术学院)
  张树铃(内蒙古交通职业技术学院) 刘 佳(包头职业技术学院)
  杜理平(浙江同济科技职业学院) 崔广磊(包头职业技术学院)
  林振华(浙江同济科技职业学院) 张 昊(河南交通职业技术学院)
  贾东明(河南交通职业技术学院) 张杰飞(河南交通职业技术学院)
  王 臣(包头职业技术学院)   刘冰松(神龙汽车有限公司)
  黄立群(东沃(杭州)卡车有限公司)

前 言
PREFACE

　　本书是面向职业院校汽车专业的专业基础课程教材,教材内容本着"必须""够用"为度,以绘制二维机械图形为目标,通过相关绘图案例的学习,使学生初步掌握专业所需的 AutoCAD 基本应用方法和技巧,能够绘制汽车零件图、装配图。

　　根据本书的编写定位,全书共分成7章,各章具体内容如下所列。

　　第一章:初识 AutoCAD 2016。本章主要介绍 AutoCAD 2016 软件安装、启动、退出的方法;界面的组成等。是学习 AutoCAD 2016 的第一步。

　　第二章:AutoCAD 2016 操作基础。本章主要介绍 AutoCAD 2016 软件的系统参数、单位设置、文件基本操作、图层操作相关内容。特别需要说明的是,结合我们多年的教学经验,我们将图层的相关操作安排在本章讲解是希望学生养成良好的绘图习惯,建立图层,因为设置图层参数是绘制图形的第一步。

　　第三章:常用二维机械图形绘图工具。图形都是由点、线、面构成,一般的讲解都是从点开始,但是 AutoCAD 2016 中的点并不是构成线和面的必要元素,只起到辅助定位的作用。因此本章从绘制直线对象开始,接下来绘制曲线对象,当对绘图工具和绘图方法有了一定了解后,再学习绘制点,绘制定距等分、定数等分点。

　　本章内容还包括绘制曲线对象(圆、圆弧、椭圆、椭圆弧),绘制多边形对象、图案填充、图块、文字和表格等内容。

　　第四章:常用二维机械图形编辑工具。本章主要介绍【修改】菜单中的相关图形编辑工具,共介绍了18个相关修改编辑命令。通过命令的练习,可以绘制出复杂的二维图形。AutoCAD 2016 对绘图速度、准确性要求较高,是讲究效率的软件。因此本章配备了大量的练习,强化软件工具的熟练使用。

　　第五章:常用二维机械图形标注工具。在机械设计中,图形用于表达机械零件的结构形状,而精确的尺寸标注是工程技术人员照图施工和交流的关键。本章主要介绍尺寸标注的组成与规则、创建与设置标注的样式,以及尺寸标注、公差标注、引线标注的方法和步骤。

　　第六章:汽车零件图绘制。本章通过一些零件图绘制实例,结合前面学习过的二维图形的绘制、编辑、尺寸标注等命令,详细介绍汽车零件图的绘制方法和步骤;零件图中尺寸、技术要求的标注方法等,准确、快捷地绘制出零件图。

第七章:汽车装配图绘制。装配图在生产中起着非常重要的作用,是安装、调试、操作和检修机器或部件的重要参考资料。本章主要介绍装配图的绘制方法和步骤,重点讲解复制图形插入法绘制装配图的方法和步骤。

希望通过本书的学习,使学生能够轻松掌握 AutoCAD 2016 的基本操作和技术精髓,为进一步学习其他相关机械设计类软件打下基础。

本书由于宁、李敬辉主编,郑涛和王立超副主编,房芳、陈歆研、李起振、赵淑丽参与编写,感谢各位老师的辛苦付出!

由于编者水平有限,编写中难免会有疏漏和不妥之处,敬请各位老师、专家、同学不吝赐教!

编 者

2016 年 1 月

目 录
CONTENTS

第 1 章　初识 AutoCAD 2016 ·· 1
　1.1　AutoCAD 2016 简介 ·· 1
　1.2　AutoCAD 2016 软件安装 ·· 2
　1.3　AutoCAD 2016 软件启动与退出 ····································· 4
　1.4　AutoCAD 2016 软件界面及功能 ····································· 5
　课后练习 ·· 10
第 2 章　AutoCAD 2016 操作基础 ·· 11
　2.1　AutoCAD 2016 软件的系统参数 ··································· 11
　2.2　绘图单位设置 ··· 13
　2.3　图形文件操作 ··· 14
　2.4　图层设置 ··· 16
　2.5　图形显示与控制 ··· 18
　2.6　常用辅助绘图工具 ·· 20
　课后练习 ·· 21
第 3 章　常用二维机械图形绘图工具 ·· 23
　3.1　绘制线 ·· 23
　3.2　绘制曲线对象 ··· 32
　3.3　绘制点 ·· 38
　3.4　绘制多边形 ·· 41
　3.5　图案填充和渐变色填充 ·· 46
　3.6　图块及其属性 ··· 50
　3.7　文字与表格 ·· 53
第 4 章　常用二维机械图形编辑工具 ·· 58
　4.1　移动 ··· 58
　4.2　旋转 ··· 59
　4.3　复制 ··· 61
　4.4　偏移 ··· 63
　4.5　修剪 ··· 65
　4.6　延伸 ··· 68
　4.7　缩放 ··· 69

· 1 ·

4.8 拉伸 71
4.9 倒角 72
4.10 圆角 74
4.11 镜像 76
4.12 阵列 77
4.13 打断 82
4.14 合并 83
4.15 分解 84
4.16 拉长 84
4.17 对齐 85
4.18 光顺曲线 86
课后练习 87

第5章 常用二维机械图形标注工具 90
5.1 尺寸标注的组成和规则 90
5.2 创建与设置尺寸标注样式 91
5.3 尺寸标注方法 94
5.4 公差标注方法 100
课后练习 102

第6章 汽车零件图绘制 105
6.1 零件图的类型 105
6.2 零件图的绘制方法及一般步骤 107
6.3 绘制汽车零件图 108
课后练习 118

第7章 汽车装配图绘制 120
7.1 装配图的绘制方法 120
7.2 绘制装配图的一般步骤 121
7.3 复制图形插入法绘制装配图 121
课后练习 131

参考文献 132

第 1 章　初识 AutoCAD 2016

 教学目标

1. 了解 AutoCAD 软件的发展历史及其应用领域。
2. 掌握 AutoCAD 2016 软件界面组成。
3. 掌握 AutoCAD 2016 软件的安装。

1.1　AutoCAD 2016 简介

AutoCAD 是美国 Autodesk 公司开发的计算机辅助绘图软件,用户通过此软件能够绘制二维与三维图形、渲染图形、标注尺寸等。AutoCAD 拥有非常广泛的用户群,已被广泛应用于机械、航天、船舶、建筑、土木、电子、轻工业、化工和地质等诸多工程领域,在设计领域发挥着越来越重要的作用。

AutoCAD 具有易于掌握、使用方便的特点。经过不断的升级,其功能日益强大,运行速度、处理功能等水平都有了很大的提升,特别在机械绘图中,AutoCAD 具有更为明显的优势。

AutoCAD 软件具有以下 5 个特点。

1. 编辑命令群功能齐全

能够进行复制、移动、剪切、合并、删除、缩放等,能根据需要随意修改图形。

2. 图块处理技术、外部应用功能强大

通过这些功能可以建立各类标准件的图库,在绘图时能根据需要插到所需位置,提高绘图速度。

3. 绘图过程中能进行准确定位

即使在不输入坐标的情况下,通过 AutoCAD 也能绘制精确的图形,其绘图精确率能达到小数点后的八位数。

4. 具有强大的图形处理功能

能绘制各种图形(如效果图、平面图、立体图等),还能按照 1∶1 或者其他自定义比例输出图形。

5. 辅助功能多样

AutoCAD 除了绘图和编辑功能外,还能快速计算图形的长度、面积、周长等,这些辅助功能为绘图提供了极大的方便。

相对于旧版本,AutoCAD 2016 版本做了不少改进,可以帮助用户更快地创建设计对象,更轻松地共享设计数据,更有效地管理设计文件。AutoCAD 2016 版中包含了多项可加速 2D

与3D设计、创建文件和协同工作流程的新特性,并能为创作任何形状提供丰富的屏幕体验。此外,使用者还能方便地使用Trusted DWG技术与他人分享作品,储存和交换设计资料。

AutoCAD 2016能加速细节设计与文件创建工作,视觉增强功能可将设计每个层面的深度与清晰度提升到新的境界。增强的PDF输出以及与建筑信息模型化(BIM)直接连接可以更加紧密协作,有效提高效率。这些增强功能已将此产品提升到另一个层次。尺寸标注与文字编辑的提升,以及整体绘图辅助功能的加强,都能让用户更快速高效地完成设计、并且能在设计时实时及时检查设计作品。

1.2　AutoCAD 2016软件安装

AutoCAD 2016的安装步骤如下。

(1)下载AutoCAD2016安装版文件,点击解压到指定位置。

解压完毕后在解压的文件夹中找到"setup.exe",如图1-1所示,双击开始安装AutoCAD 2016。

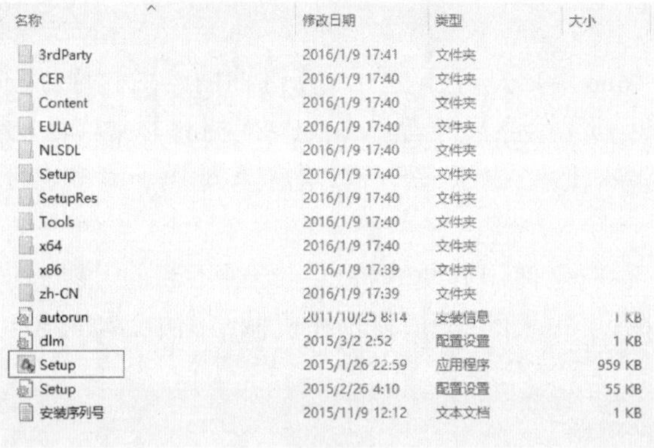

图1-1

(2)启动安装程序以后,会进行安装初始化,过几分钟就会弹出如图1-2所示的安装画面,下一步就可以开始安装AutoCAD 2016。

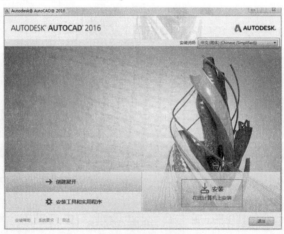

图1-2

(3)接受许可协议,如图 1-3 所示。

图 1-3

(4)选择许可证类型并输入产品信息,如图 1-4 所示。

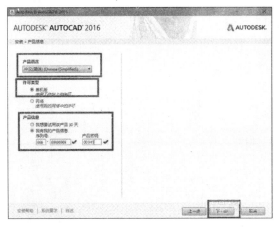

图 1-4

(5)自定义安装路径并选择配置文件,如图 1-5 所示。

注意: 安装配置文件保持默认即可,不要更改默认设置,安装路径则可自行选择。

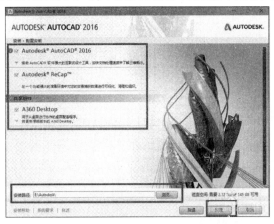

图 1-5

(6)开始安装 AutoCAD2016,注意这一步的安装时间较长,如图 1-6 所示。

图1-6

(7)安装完毕,如图 1-7 所示。

图1-7

1.3　AutoCAD 2016软件启动与退出

1. 启动 AutoCAD2016 的方法

(1)单击【开始】菜单,选择【所有应用】|【AutoCAD2016 简体中文】,如图 1-8 所示。

(2)双击桌面上的快捷图标,如图 1-9 所示。

(3)双击已经存在的 AutoCAD 图形文件(＊.dwg 格式),如图 1-10 所示。

2. 退出 AutoCAD2016 的方法

(1)命令行:输入 QUIT/EXIT。

(2)标题栏:单击标题栏的【关闭】按钮。

第 1 章 初识 AutoCAD 2016

图 1-8

图 1-9

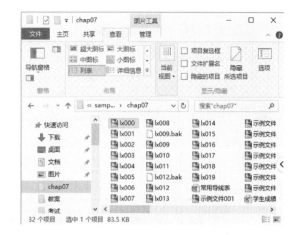
图 1-10

(3) 快捷键:ALT + F4 或 CTRL + Q 组合键。
(4) 菜单栏:执行【文件】|【退出】。
(5) 应用程序按钮:单击应用程序按钮选择【退出】。

若在退出 AutoCAD2016 之前没有保存文件,系统会弹出对话框提示保存绘图文件,如图 1-11 所示,根据需要选择是(Y)、否(N)或者取消操作。

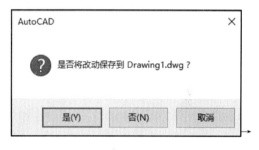
图 1-11

1.4 AutoCAD 2016 软件界面及功能

在介绍 AutoCAD2016 的工作界面之前,首先需要了解工作空间的概念。工作空间类似于一个工作环境,其中提供了很多的"工具",用户可以根据自己的工作需要和工作习惯放置"工具"。

1. AutoCAD2016 工作空间

AutoCAD2016 工作空间中的"工具"是菜单栏、工具栏、按钮、选项板和面板的组合,它是可以自由定制的。AutoCAD2016 系统给用户提供了 3 种不同的空间:草图与注释、三维基础、三维建模。用户可以根据工作需要随时进行切换。

切换空间的方法有以下几种。
(1) 菜单栏:选择【工具】|【工作空间】命令,如图 1-12 所示。
(2) 状态栏:单击状态栏上的【切换工作空间】按钮,如图 1-13 所示。

草图与注释空间是 AutoCAD2016 默认工作空间,非常适合绘制和编辑二维图形,下面我们在草图与注释空间中,介绍 AutoCAD2016 的工作界面。启动 AutoCAD 2016 后显示的工作界面如图 1-14 所示。

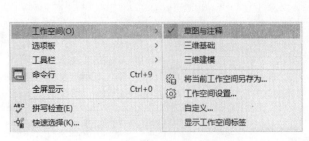
图 1-12

图 1-13

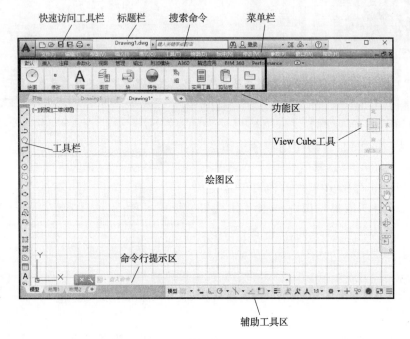
图 1-14

2. 标题栏

AutoCAD 2016 的窗口标题栏与 AutoCAD 2009 往后版本的标题栏相似,但与经典版本标题栏有所不同是其不仅增加了菜单浏览器,"快速访问"工具栏、搜索帮助和信息中心,还增加了 Autodesk A360 和 Autodesk Exchange 功能,如图 1-15 所示。

图 1-15

3. 菜单栏

AutoCAD 2016 的菜单栏可通过"快速访问"工具栏最右侧的设置按钮来控制其显示与隐藏,如图 1-16 所示。

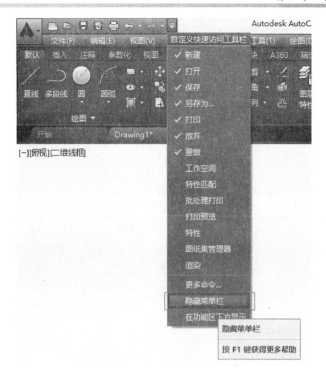

图 1-16

4. 功能区

功能区是一种选项板,用于显示工作空间中基于任务的按钮和控件。它由许多面板组成,这些面板被组织到按任务进行标记的选项卡中。功能区包含了设计绘图的绝大多数命令,用户只要单击面板上的按钮就可以激活相应命令,切换功能区选项卡上不同的标签,使 AutoCAD 2016 显示不同的面板。

功能区可以水平显示、垂直显示,也可以显示为浮动选项板。默认情况下,创建或打开图形时,在图形窗口的顶部将显示水平的功能区,如图 1-17 所示。

图 1-17

选项卡的顺序可以根据需要随意拖动,功能区中面板的位置也可变换,操作者可以根据自己需要和使用习惯调整面板中工具的位置,如图 1-18 所示。

功能区的右上角有一个面板显示调节按钮,用户可以根据需要调节功能区面板的显示样式,如图 1-19 所示。

5. 快速访问工具栏

快速访问工具栏具有对定义命令集的直接访问功能。用户可以添加、删除和重新定位命令和控件。默认状态下,快速访问工具栏包括新建、打开、保存、另存为、放弃、重做、打印、自定义按钮等命令。用户可以通过单击最右侧按钮,自定义快速访问工具栏,如图 1-20 所示。

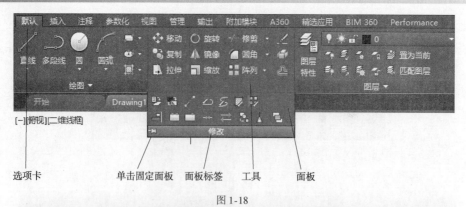

图 1-18

图 1-19

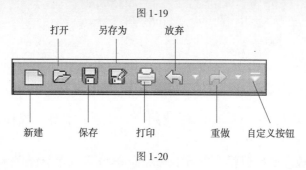

图 1-20

6. 工具栏

工具栏的显示与隐藏如下。

(1)菜单栏:【工具】|【工具栏】|【工具栏】|【AutoCAD】|弹出工具栏子菜单,勾选显示的工具栏。

(2)在任意工具栏上点击鼠标右键,弹出工具栏快捷菜单。

初学者常用的工具栏有绘图工具栏、修改工具栏、标注工具栏、图层工具栏、特性工具栏等五个工具栏。

练习:请将以上五个工具栏调出放置在如图 1-21 所在位置。

7. 文件管理栏

AutoCAD 2016 为了让用户更好地切换不同的图形文件,新增了文件管理栏。用户可以通过文件管理栏知道所编辑文件的名称,并通过管理栏上的按钮快速关闭和打开文件以及新建新的图形文件,如图 1-22 所示。

8. 绘图区

AutoCAD 2016 工作界面中部进行绘图操作的区域即为绘图区。它是图形观察器,从中可以直观地看到图形文件的设计效果,其默认的背景颜色是黑色,用户可以根据自身情况设置所需的颜色。绘图窗口是用户绘图、编辑对象的主要工作区域,绘图区域可以根据需要扩展,使屏幕上显示的是图形的一部分或全部,用户可以通过缩放、平移等命令来控制图形的显示。

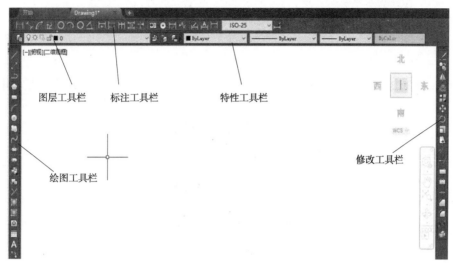

图 1-21

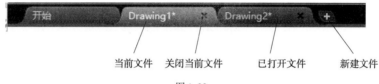

图 1-22

绘图窗口左下角是 AutoCAD2016 的直角坐标系显示标识,用于指示图形设计所在的平面。窗口底部有一个"模型"标签和一个以上的"布局"标签,在 AutoCAD2016 中有两种工作空间,通常在模型空间中设计图纸,在布局中打印图纸,如图 1-23 所示。

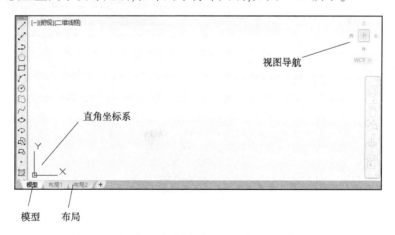

图 1-23

9. 命令窗口

AutoCAD 2016 工作界面中,位于绘图区下方,可以在其中显示命令、系统变量、选项、信息和提示的窗口称为命令窗口,如图 1-24 所示。命令窗口可以是固定的,也可以是悬浮的。

图 1-24

10. 状态栏

AutoCAD 2016 绘图界面的底部是状态栏,其中绘图辅助工具是初学者最为常用的,其他工具如不需要可通过状态栏最右侧的自定义按钮进行关闭和打开,如图 1-25 所示。

图 1-25

课 后 练 习

1. 在自己的电脑上安装 AutoCAD 2016 软件。
2. 熟悉 AutoCAD 2016 软件基本界面。
3. 调出常用的五个工具栏,将界面调整成图 1-26 样式,方便下一步学习。

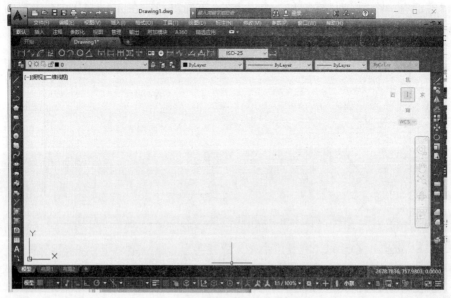

图 1-26

第 2 章　AutoCAD 2016 操作基础

教学目标

1. 学会 AutoCAD 2016 软件的系统参数和单位设置。
2. 学会 AutoCAD 2016 软件图形文件基本操作。
3. 能对 AutoCAD 2016 软件进行图层设置。
4. 能熟练调整图形的显示与控制。

2.1　AutoCAD 2016 软件的系统参数

AutoCAD 2016 系统参数设置最直接的方法就是使用【选项】对话框。单击【工具】菜单栏，找到下拉菜单底部的【选项】按钮，单击就会弹出如图 2-1 所示的【选项】对话框。初学者只需要学会调整"设置图形窗口颜色"和"设置自定义右键单击"两个选项卡即可。

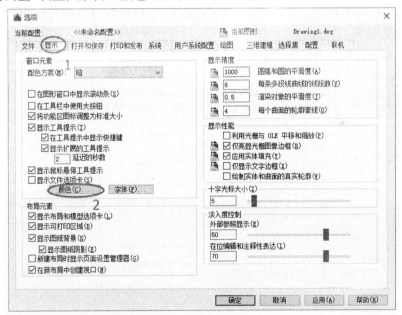

图 2-1

1. 设置图形窗口颜色

在【选项】对话框中，点击【显示】选项卡，然后选择【颜色】按钮，会弹出【图形窗口颜色】对话框，用户可以调整二维模型空间的背景、十字光标等要素的颜色，如图 2-2 所示。

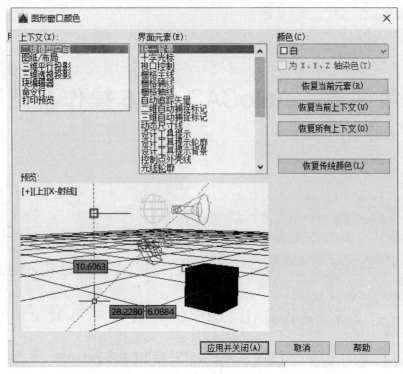

图 2-2

2. 设置自定义右键单击

在【选项】对话框中,点击【用户系统配置】选项卡,然后选择【自定义右键单击】按钮,会弹出【自定义右键单击】对话框,如图 2-3 所示,按图 2-4 所示进行右键功能设置,对于初学者来说,可有效提高操作熟练度。

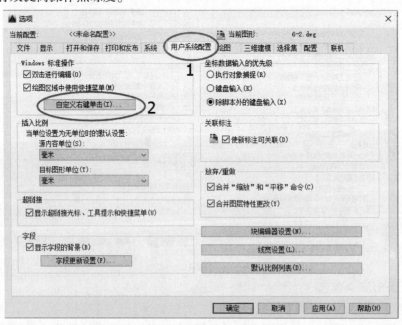

图 2-3

第 2 章　AutoCAD 2016 操作基础

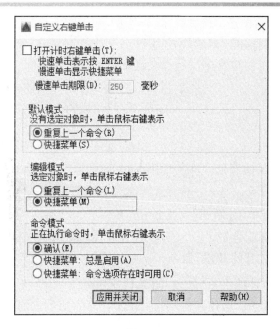

图 2-4

2.2　绘图单位设置

用户在开始绘图前,必须给要绘制的图形确定一个图形单位大小,然后据此惯例创建实际大小的图形。用户创建的所有对象都是根据图形单位进行测量的。

打开【图形单位】对话框方法如下。

菜单栏:【格式】|【单位】|弹出【图形单位】对话框,如图 2-5 所示。

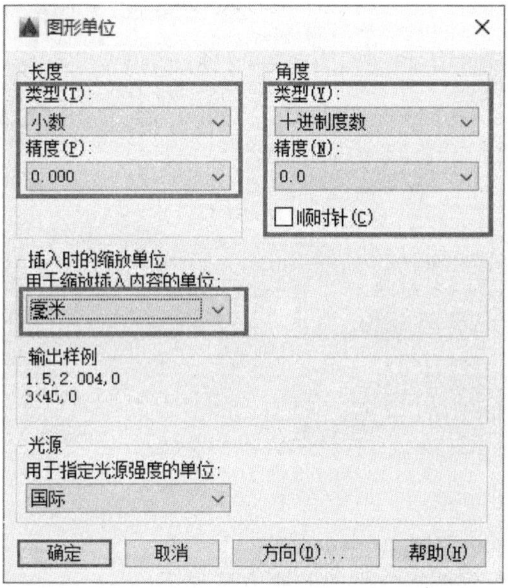

图 2-5

【图形单位】对话框中,设置单位为毫米,长度的精确度设为小数点后三位,角度的精确度设为小数点后一位。图形单位是绘图的基础,一旦图形单位有错,绘制的图形就全部错误,所以在系统设置时一定要检查单位是否设置正确。

2.3 图形文件操作

1. 新建图形文件

在 AutoCAD 2016 中新建图形文件的常用方法如下。

(1)命令行:输入 QNEW。

(2)快速访问工具栏:单击【新建】文件按钮。

(3)快捷键:CTRL + N 组合键。

(4)菜单栏:执行【文件】|【新建】命令。

(5)标准工具栏:单击标准工具栏【新建】文件按钮。

按照上述方法后,会弹出"选择样板"对话框,如图 2-6 所示。通常在样板文件中包含绘图环境的基本设置。没有特殊设置的情况下,一般选用 acadiso.dwt 样板。例如选择一个样板文件,单击"打开"按钮,新的图形文件就创建好了,此时 AutoCAD 2016 会自动为其命名为 Drawing ××.dwg,××按当前进程新建文件的个数自动编号。

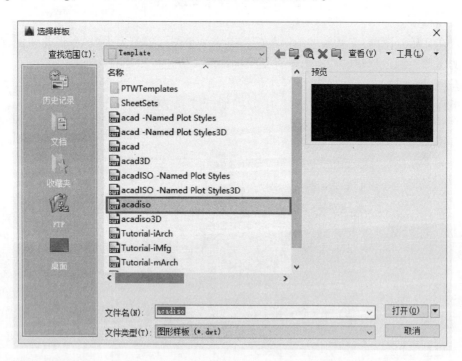

图 2-6

2. 保存图形文件

在 AutoCAD 2016 中保存图形文件的常用方法如下。

(1)命令行:输入 SAVE。

(2)快速访问工具栏:单击【保存】文件按钮。

(3)快捷键:CTRL+S 组合键。

(4)菜单栏:执行【文件】|【保存】命令。

(5)标准工具栏:单击标准工具栏【保存】按钮 。

按照上述方法操作后,会弹出"图形另存为"对话框,如图 2-7 所示。选择保存路径和文件类型,输入文件名称即可。

图 2-7

3. 打开图形文件

在 AutoCAD 2016 中打开图形文件的常用方法如下。

(1)命令行:输入 OPEN。

(2)快速访问工具栏:单击【打开】按钮。

(3)快捷键:CTRL+O 组合键。

(4)菜单栏:执行【文件】|【打开】命令。

(5)标准工具栏:单击标准工具栏【打开】按钮 。

4. 关闭图形文件

在 AutoCAD 2016 中关闭图形文件的常用方法如下。

(1)命令行:输入 CLOSE。

(2)菜单浏览器:【关闭】|【当前图形】。

(3)菜单栏:执行【文件】|【关闭】命令。

(4)文件管理栏:文件标签上【关闭】按钮。

2.4 图层设置

1. 图层概念

图层相当于图纸绘图中使用的重叠图纸,创建和命令图层,并为这些图层指定通用特性。通过将对象分类放到各自的图层中,可以快速有效地控制对象的显示及其更改。

图层是 AutoCAD 提供的一个管理图形对象的工具,用户可以使用图层对图形几何对象、文字、标注等进行归类处理,通过图层管理,不仅能使图形的各种信息清晰、有序,便于观察,而且也会给图形的编辑、修改和输出带来很大的方便。

2. 图层的控制

如果要对图层进行操作,先要打开【图层特性管理器】,如图 2-8 所示。

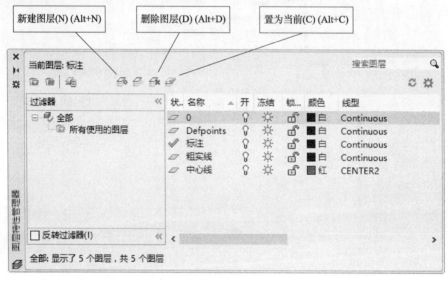

图 2-8

打开【图层特性管理器】常用方法如下。

(1)功能区:单击【默认】|【图层】|【图层特性】按钮 。

(2)图层工具栏:单击【图层特性】按钮 ,如图 2-9 所示。

图 2-9

图层管理器具体参数功能如下:

1)新建图层

创建新图层。图层列表框中显示新建的图层名为 LAYER1,同时该图层名称处于选定状态,可以立即输入新的图层名称。新图层将继承图层列表中当前选定图层的特性,如颜色、开关状态等。

2)删除图层

删除选定的图层。注意下列五种图层不可删除。

①图层 0。
②DEPONINTS 图层。
③当前图层。
④依赖外部参照的图层。
⑤包含对象的图层。

3) 开关状态

图层处于打开状态时,灯泡为黄色,该图层上的图形可以在显示器上显示,也可以打印;图层处于关闭状态时,灯泡为灰色,该图层上的图形不能显示,也不能打印。

4) 冻结/解冻状态

图层被冻结,该图层上的图形对象不能被显示出来,也不能打印输出,而且不能编辑或修改;图层处于解冻状态时,该图层上的图形对象能够显示出来,也能够打印,并且可以在该图层上编辑图形对象。

注意:不能冻结当前层,也不能将冻结层改为当前层。

从可见性来说:冻结的图层与关闭的图层是相同的,但冻结的对象不参加处理过程中的运算,关闭的图层则要参加运算,所以在复杂的图形中冻结不需要的图层中可以加快系统重新生成图形的速度。

5) 锁定/解锁状态

锁定状态并不影响该图层上图形对象的显示,用户不能编辑锁定图层上的对象,但还可以在锁定的图层中绘制新图形对象。此外,还可以在锁定的图层上使用查询命令和对象捕捉功能。

6) 颜色、线型与线宽

单击【颜色】列中对应的图标,可以打开【选择颜色】对话框,选择图层颜色,如图 2-10 所示;单击在【线型】列中的线型名称,可以打开【选择类型】对话框,如图 2-11 所示;选择所需的线型;单击【线宽】列显示的线宽值,可以打开【线宽】对话框,如图 2-12,选择所需的线宽。

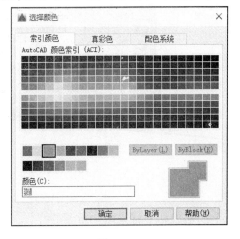

图 2-10

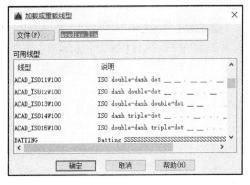

图 2-11

图 2-12

练习:常用图层创建。

请按照图 2-13 所示创建以下常用图层,并设置颜色、线型、线宽。

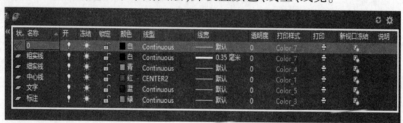

图 2-13

2.5　图形显示与控制

缩放和平移是两个重要的操作,只有通过这两个功能,用户才能自由地在绘图区对图形对象进行观察。

1. 缩放

(1)命令行:输入 ZOOM,按 ENTER 键确认,命令行提示如下。

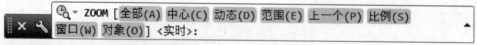

(2)菜单栏:执行【视图】|【缩放】命令。

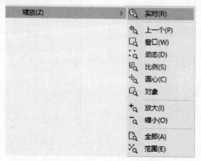

(3)缩放工具栏:单击按钮。

(4)标准工具栏:单击标准工具栏相应按钮。

2.平移

(1)命令行:输入 PAN,按 ENTER 键确认后,光标变为手的形状,按住鼠标左键,平移窗口。
(2)菜单栏:执行【视图】|【平移】命令。

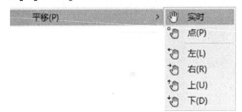

(3)标准工具栏:单击标准工具栏【实时平移】按钮 。

3.鼠标常用操作

虽然上述的这些平移与缩放命令执行方法很多,但都不够快捷。最常用、效率最高的缩放、平移操作是通过鼠标来完成的。下表是一些常用的鼠标操作:

	鼠标操作	AutoCAD 命令
鼠标中键	滑动中键	以光标为圆心,实时放大、缩小
	按住鼠标中键+拖曳	实时平移
	双击鼠标中键	适合窗口
鼠标左键	单击鼠标左键	1.选择图形对象
		2.确定图形第一点的位置
鼠标右键	单击鼠标右键 (2.1 系统参数设置)	1.确定
		2.重复上一次操作(重复上一次操作快捷键还有空格和回车)

鼠标左键选择操作

(1)直接点击 。
(2)反选:右下角向左上角拖动(碰触到物体的一部分就行),如图 2-14 所示。
(3)正选:左上角向右下角拖动(全部包含其中),如图 2-15 所示。

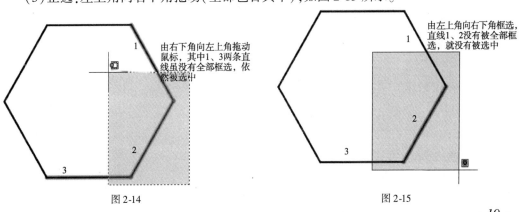

图 2-14　　　　　　　　　　　　　　图 2-15

2.6 常用辅助绘图工具

AutoCAD 为了方便用户绘图,提高绘图效率而提供了一系列的辅助绘图工具。常用的主要包括正交、极轴、对象追踪、对象捕捉四个辅助工具,这些按钮位于界面最底部的状态栏,如图 2-16 所示。

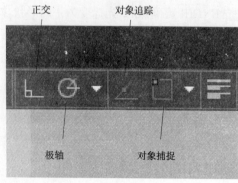

图 2-16

1. 正交 F8

用于控制绘制直线的种类,打开此命令只可以绘制垂直和水平直线。

2. 极轴 F10

可以捕捉并显示直线的角度和长度,有利于做一些有角度的直线。右击【极轴】按钮,单击【正在追踪设置】,弹出【草图设置】对话框,如图 2-17 所示。在【极轴追踪】选项卡中,根据具体情况设置增量角,即设置极轴追踪角度;若勾选附加角可新建第二个捕捉角度。

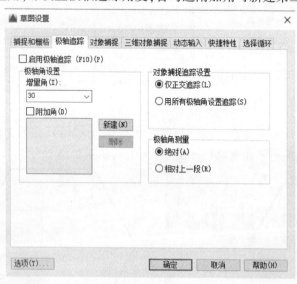

图 2-17

3. 对象捕捉 F3

在绘制图形时可随时捕捉已绘图形上的关键点。右击,单击设置,在对象捕捉选项卡中勾选捕捉点的类型,如图 2-18 所示。

第 2 章　AutoCAD 2016 操作基础

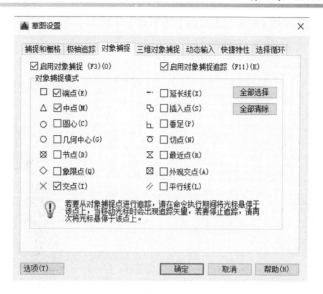

图 2-18

4. 对象捕捉追踪 F11

配合对象捕捉使用，在鼠标指针下方显示捕捉点的提示(长度,角度)。

课 后 练 习

创建"学习样板.dwt"文件,新建一个以"acadiso.dwt"为基础的图形文件,设置该文件中的系统参数、创建常用图层、界面布局调整(调出五个常用工具栏)。将该文件另存为图形样板"学习样板.dwt"文件,以后新建文件就可以"学习样板.dwt"为基准新建文件,免去每次新建文件都要重新进行系统设置。具体操作如下。

(1)菜单栏【文件】|【另存为】|【另存为】对话框,如图 2-19 所示,注意文件类型选项选择 AutoCAD 图形样板(* .dwt)。

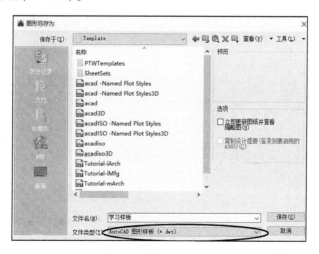

图 2-19

（2）下次新建文件操作：菜单栏【文件】|【新建】|【选择样板】对话框，如图 2-20 所示，选择"学习样板. dwt"作为新建文件基准。

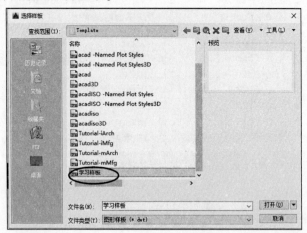

图 2-20

第3章 常用二维机械图形绘图工具

教学目标

1. 掌握常用的二维机械图形的绘图工具,包括线(直线、多样线、构造线)、曲线(圆、圆弧、椭圆、椭圆弧)、点、多边形等常用二维图形绘制工具。
2. 掌握创建和编辑图案填充的方法;掌握图块的创建、插入、编辑的方法。
3. 掌握表格、文字的输入、编辑方法和技巧。
4. 能够准确、快速应用基本图形绘制工具绘制复杂的机械图形。

3.1 绘 制 线

1. 直线

直线绘制是通过确定直线的起点和终点完成的。直线命令默认是连续执行,上一段直线的终点自动成为下一段直线的起点。

执行直线命令的方法如下。

(1)菜单栏:选择【绘图】|【直线】命令。
(2)命令行:输入 Line (L)。
(3)工具栏:单击【绘图】工具中栏的【直线】按钮。
(4)功能区:在默认选项卡中,单击【绘图】面板中【直线】按钮,如图 3-1 所示。

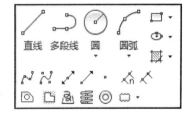

图 3-1

命令行提示如下。

LINE 指定第一个点: // 指定直线的起点。

LINE 指定下一点或 [放弃(U)]: // 指定直线的终点 或者输入字母 U(不区分大小写)放弃上一次操作,即删除直线的第一个点(起点)。

LINE 指定下一点或 [闭合(C) 放弃(U)]: //输入字母 C(不区分大小写),闭合直线构成的封闭图形。

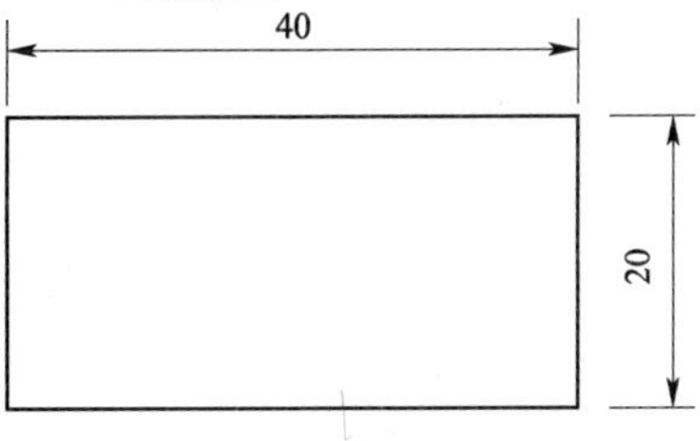

例 3-1:利用直线工具,绘制长 40mm、宽 20mm 的矩形(开启正交模式绘图),如图 3-2 所示。

操作提示:

1. 点击如图 3-3 所示的按钮,开启正交模式。
2. 执行直线命令,命令行提示如下,鼠标点击指定第

图 3-2

一个点,如图 3-4 所示。

图 3-3

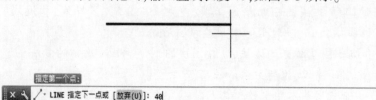

图 3-4

3. 鼠标向右沿水平方向拖出,输入直线长度 40,如图 3-5 所示。

图 3-5

4. 鼠标向上沿竖直方向拖出,输入长方形宽度 20,如图 3-6 所示。

图 3-6

5. 依照上述方法,绘制完成长方形。

练习:按照标注尺寸,绘制图 3-7。

例 3-2:绘制如图 3-8 所示的边长为 60mm 的等边三角形。

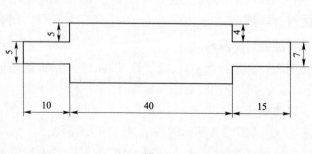

图 3-7

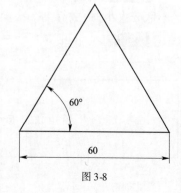

图 3-8

操作提示：

1. 点击如图3-9所示的按钮,开启极轴追踪模式。

图3-9

2. 点击如图3-10所示的按钮;弹出草图设置对话框,设置极轴追踪增量角度为60°,如图3-11所示。

3. 执行直线命令,鼠标点击,确定直线的第一点。

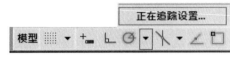

图3-10

4. 鼠标捕捉到极轴角度60°之后,输入三角形的边长60,如图3-12所示。

图3-11

图3-12

5. 依次绘制三角形三边,完成图形。

练习: 按照标注尺寸,绘制下列图形(图3-13、图3-14)。

(1)

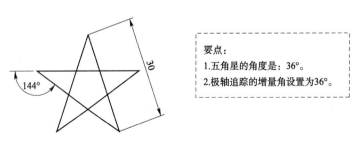

要点:
1. 五角星的角度是:36°。
2. 极轴追踪的增量角设置为36°。

图3-13

· 25 ·

（2）

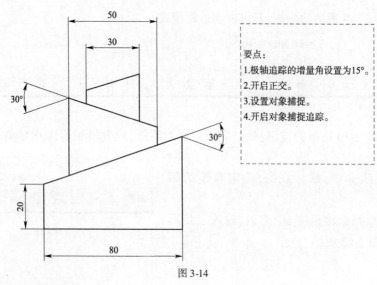

图 3-14

要点：
1.极轴追踪的增量角设置为15°。
2.开启正交。
3.设置对象捕捉。
4.开启对象捕捉追踪。

例 3-3：应用相对极坐标，绘制下图的三角形，如图 3-15 所示。

操作提示：

1. 执行直线命令，鼠标单击确定第一点。

2. 输入下一点相对极坐标@46＜0，如图 3-16 所示。

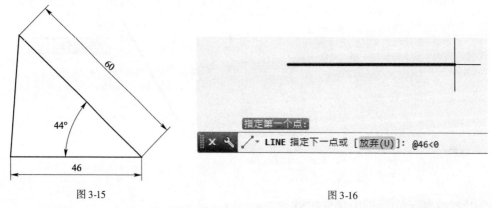

图 3-15　　　　　　　　　　　图 3-16

3. 输入第三点相对极坐标@60＜136，如图 3-17 所示。

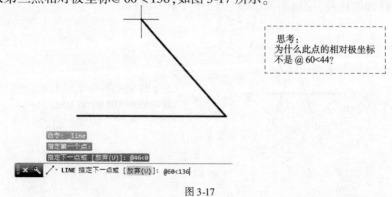

思考：
为什么此点的相对极坐标不是 @60<44？

图 3-17

4. 闭合图形,如图 3-18 所示。
5. 三角形各点的极坐标如图 3-19 所示。

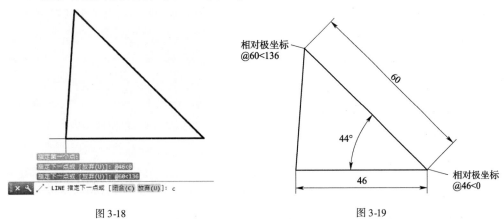

图 3-18　　　　　　　　　图 3-19

注意:

1. AutoCAD 只能识别英文标点符号,所以输入坐标中间的逗号必须是英文标点。
2. 初学 AutoCAD,要重点关注命令行的提示。

AutoCAD 中,一个点的坐标有绝对直角坐标、绝对极坐标、相对直角坐标、相对极坐标 4 种表示方法。

绝对坐标相对于坐标原点的坐标。

1. 绝对直角坐标表示为:(X,Y,Z) 我们现在绘制的是二维平面图形,其 Z 值为 0,省略不必输入。
2. 绝对极坐标表示为:(长度,角度) 例如,坐标(100<30)是指从 X 轴正方向逆时针旋转 30,距离坐标原点 100 个图形单位的点。

相对坐标是基于上一个输入点而言。

3. 相对直角坐标表示为:(@X,Y,Z)其中@字符表示使用相对坐标输入,即相对上一点的位移为(X,Y,Z)。
4. 相对极坐标表示为:(@长度,角度) 其中角度输入以 X 轴正(向右)方向 0 度为基准,逆时针为正。

练习:按照标注尺寸,绘制图 3-20。

例 3-4:按照标注尺寸,绘制图 3-21。

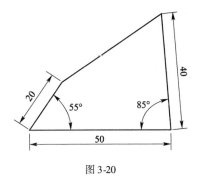

图 3-20

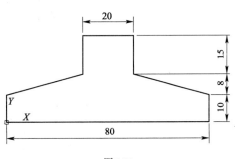

图 3-21

操作提示：

执行直线命令，命令行提示及坐标输入如下。

LINE 指定第一个点：0,0

LINE 指定下一点或 [放弃(U)]：@80,0

LINE 指定下一点或 [放弃(U)]：@0,10

LINE 指定下一点或 [闭合(C) 放弃(U)]：@-30,8

LINE 指定下一点或 [闭合(C) 放弃(U)]：@0,15

LINE 指定下一点或 [闭合(C) 放弃(U)]：@-20,0

LINE 指定下一点或 [闭合(C) 放弃(U)]：@0,-15

LINE 指定下一点或 [闭合(C) 放弃(U)]：@-30,-8

LINE 指定下一点或 [闭合(C) 放弃(U)]：c

绘制完成

练习：使用坐标输入，绘制销轴，如图 3-22 所示。

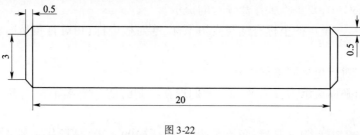

图 3-22

2. 多段线

多段线是 AutoCAD 中常用的一类复合图形对象。使用多段线可以生成由多条直线和圆弧首尾连接形成的组合图形。

执行多段线命令的方法如下。

(1) 菜单栏：选择【绘图】|【多段线】命令。

(2) 命令行：输入 PLINE (PL)。

(3) 工具栏：单击【绘图】工具中栏的【多段线】按钮。

(4) 功能区：在默认选项卡中，单击【绘图】面板中的【多段线】按钮，如图 3-23 所示。

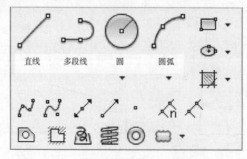

图 3-23

命令行提示：

![PLINE 指定下一个点或 [圆弧(A) 半宽(H) 长度(L) 放弃(U) 宽度(W)]:]

命令行中各选项的含义如下。
①圆弧：切换至画圆弧模式。
②半宽：设置多段线的半宽度值，多段线的宽度将是此值的两倍。需分别设置起点和终点的宽度值。
③长度：指定直线的长度。
④放弃：退回至上一点。
⑤宽度：此选项的功能与半宽相同，设置多段线起始与结束的宽度值。

例 3-5：应用多段线绘制底座俯视图，如图 3-24 所示。

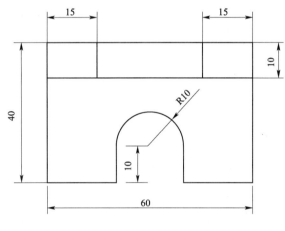

图 3-24

操作提示：
1. 执行多段线命令，开启正交限制，绘制图 3-25 如下。

PLINE 指定下一个点或 [圆弧(A) 半宽(H) 长度(L) 放弃(U) 宽度(W)]: 30
PLINE 指定下一点或 [圆弧(A) 闭合(C) 半宽(H) 长度(L) 放弃(U) 宽度(W)]: 10
PLINE 指定下一点或 [圆弧(A) 闭合(C) 半宽(H) 长度(L) 放弃(U) 宽度(W)]: 15
PLINE 指定下一点或 [圆弧(A) 闭合(C) 半宽(H) 长度(L) 放弃(U) 宽度(W)]: 30
PLINE 指定下一点或 [圆弧(A) 闭合(C) 半宽(H) 长度(L) 放弃(U) 宽度(W)]: 15
PLINE 指定下一点或 [圆弧(A) 闭合(C) 半宽(H) 长度(L) 放弃(U) 宽度(W)]: 10
PLINE 指定下一点或 [圆弧(A) 闭合(C) 半宽(H) 长度(L) 放弃(U) 宽度(W)]: 30
PLINE 指定下一点或 [圆弧(A) 闭合(C) 半宽(H) 长度(L) 放弃(U) 宽度(W)]: 20
PLINE 指定下一点或 [圆弧(A) 闭合(C) 半宽(H) 长度(L) 放弃(U) 宽度(W)]: 10

2. 绘制圆弧，如图 3-26 所示：

PLINE 指定下一点或 [圆弧(A) 闭合(C) 半宽(H) 长度(L) 放弃(U) 宽度(W)]: a
//表示结束直线绘制，开始圆弧绘制
PLINE [角度(A) 圆心(CE) 方向(D) 半宽(H) 直线(L) 半径(R) 第二个点(S) 放弃(U) 宽度(W)]: r

//表示设置圆弧半径

⌐▸ PLINE 指定圆弧的半径：10

//圆弧半径为10

⌐▸ PLINE 指定圆弧的端点(按住 Ctrl 键以切换方向)或 [角度(A)]：a

//设置圆弧角度

⌐▸ PLINE 指定夹角：180

//角度为180°

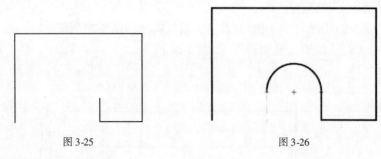

图 3-25　　　　　　　　　图 3-26

3. 结束绘制圆弧，绘制直线。

⌐▸ PLINE [角度(A) 圆心(CE) 闭合(CL) 方向(D) 半宽(H) 直线(L) 半径(R) 第二个点(S) 放弃(U) 宽度(W)]：l

⌐▸ PLINE 指定下一点或 [圆弧(A) 闭合(C) 半宽(H) 长度(L) 放弃(U) 宽度(W)]：10

⌐▸ PLINE 指定下一点或 [圆弧(A) 闭合(C) 半宽(H) 长度(L) 放弃(U) 宽度(W)]：c

4. 闭合图形，绘制完成。

注意：

1. 与使用直线绘制的首尾相连的图形不同,使用多段线命令绘制的图形是一个整体,单击时会选择整个图形,不能分别选择编辑。

2. 多段线可以设置渐变的线宽值,可以绘制各类箭头符号。用直线 Line 命令绘制的直线只有唯一的线宽值。

练习：绘制图 3-27。

例 3-6：应用多段线,绘制箭头符号,如图 3-28 所示。

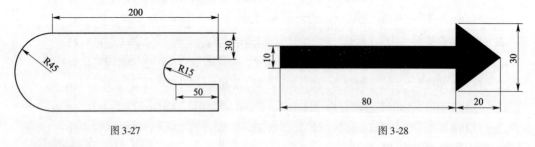

图 3-27　　　　　　　　　图 3-28

操作提示：

执行多段线命令。

⌐▸ PLINE 指定起点：

⌐▸ PLINE 指定下一个点或 [圆弧(A) 半宽(H) 长度(L) 放弃(U) 宽度(W)]：W

`PLINE 指定起点宽度 <0.0000>:` 10

`PLINE 指定端点宽度 <10.0000>:` 10

`PLINE 指定下一个点或 [圆弧(A) 半宽(H) 长度(L) 放弃(U) 宽度(W)]:` 80

`PLINE 指定下一点或 [圆弧(A) 闭合(C) 半宽(H) 长度(L) 放弃(U) 宽度(W)]:` W

`PLINE 指定起点宽度 <10.0000>:` 30

`PLINE 指定端点宽度 <30.0000>:` 0

`PLINE 指定下一点或 [圆弧(A) 闭合(C) 半宽(H) 长度(L) 放弃(U) 宽度(W)]:` 20

绘制完成。

3. 构造线

构造线是两端可以无限延伸的直线,没有起点和终点,主要用于绘制辅助线或修剪边界。

指定两点,或指定一点和角度,即可确定构造线的位置和方向。

执行构造线命令的方法如下。

(1)菜单栏:选择【绘图】|【构造线】命令。

(2)命令行:输入 XLINE（XL）。

(3)工具栏:单击【绘图】工具中栏的【构造线】按钮。

(4)功能区:在默认选项卡中,单击【绘图】面板中的【构造线】按钮。

命令行提示:

`XLINE 指定点或 [水平(H) 垂直(V) 角度(A) 二等分(B) 偏移(O)]:`

命令行中各选项的含义如下。

①水平:创建水平的构造线。

②垂直:创建垂直的构造线。

③角度:选择一条参照线,创建与该参照线呈指定角度的构造线。

④二等分:指定等分角度的顶点、起点、端点,创建二等分指定角的构造线。

⑤偏移:创建平行与指定线的构造线,必须指定偏移距离、基线和构造线位于基线的哪一侧。

例3-7:在水平直线 *AB* 的基础上绘制正六边形,如图3-29所示。

操作提示:

绘制角度为60°、120°的构造线,找到正六边形的中心点。

执行构造线命令如下。

`XLINE 指定点或 [水平(H) 垂直(V) 角度(A) 二等分(B) 偏移(O)]:` a

`XLINE 输入构造线的角度 (0) 或 [参照(R)]:` 60

`XLINE 指定通过点:`   // 通过点 A

完成通过点 *A*,与 *X* 轴正方向夹角为60°的构造线绘制。

继续绘制通过点 *B*,与 *X* 轴正方向夹角为120°的构造线,如图3-30所示。

开启极轴追踪、对象捕捉追踪、对象捕捉,绘制正六边形的其他五条边。最后删除构造线,绘制完成。

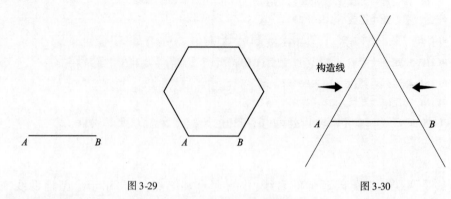

图 3-29　　　　　　　　　　　　　　图 3-30

练习：利用构造线建立辅助线，绘制图 3-31 和图 3-32。
(1)　　　　　　　　　　　　　　　　(2)

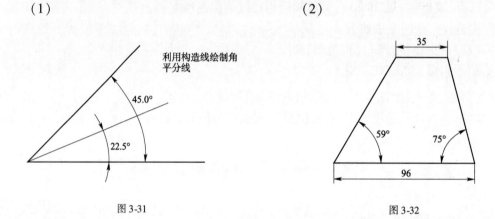

图 3-31　　　　　　　　　　　　　　图 3-32

3.2 绘制曲线对象

1. 圆

圆是平面内到某一点距离相等的点集合，因此，圆心、半径（直径）是绘制圆的两个要素。圆在机械制图中常用来表示柱、孔、轴等基本构件。

执行圆命令的方法如下。

(1)菜单栏：选择【绘图】|【圆】命令。

(2)命令行：输入 CIRCLE（C）。

(3)工具栏：单击【绘图】工具中栏的【圆】按钮 ⊘ 。

(4)功能区：在默认选项卡中，单击【绘图】面板中的【圆】按钮。

命令行提示：

⊘ ▼ CIRCLE 指定圆的圆心或 [三点(3P) 两点(2P) 切点、切点、半径(T)]：

AutoCAD2016 共提供了 6 种绘制圆的方式，如图 3-33 所示，可以根据已知条件灵活选择。

练习：绘制图 3-34~图 3-37。

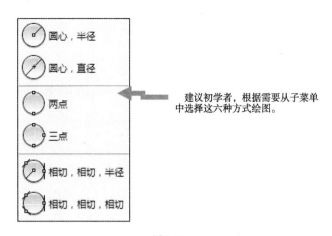

图 3-33

(1)

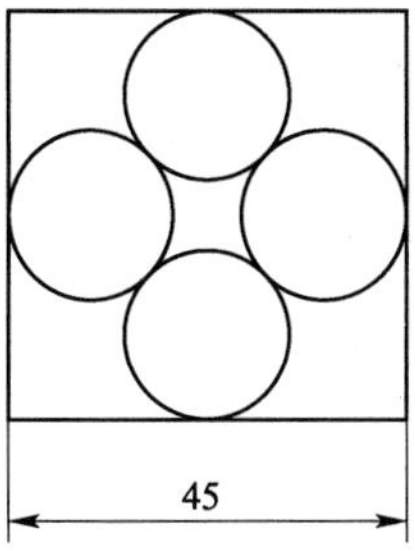

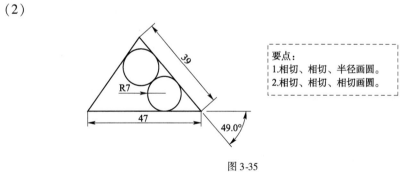

图 3-34

要点：
绘制正方形的对角线，作为辅助线，用后删除。

(2)

图 3-35

要点：
1. 相切、相切、半径画圆。
2. 相切、相切、相切画圆。

(3)

图 3-36

要点：
1. 做顶点到对边中心辅助线。
2. 相切、相切、相切画圆。

(4)

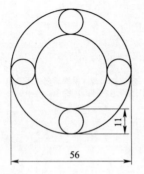

要点:
1.圆心、半径画圆。
2.相切、相切、半径画圆。

图 3-37

2. 圆弧

在机械制图中,经常采用圆弧光滑连接已知直线和圆弧,圆弧是与半径相等的圆的一部分。

执行圆弧命令的方法如下。

(1)菜单栏:选择【绘图】|【圆弧】命令。

(2)命令行:输入 ARC（A）。

(3)工具栏:单击【绘图】工具中栏的【圆弧】按钮 。

(4)功能区:在默认选项卡中,单击【绘图】面板中的【圆弧】按钮。

AutoCAD 2016 共提供了 10 种绘制圆弧的方式,如图 3-38 所示,可以根据已知条件灵活选择应用。

例 3-8:应用圆、圆弧命令,绘制图 3-39。

操作提示:

1. 绘制如图 3-40 所示直线。

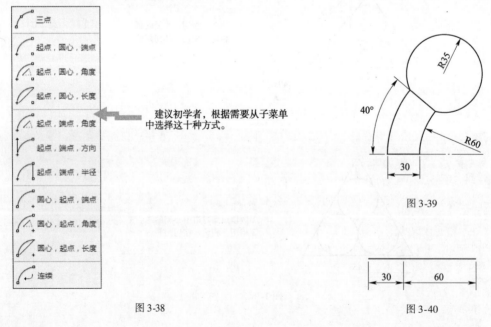

图 3-38

图 3-39

图 3-40

第3章 常用二维机械图形绘图工具

2. 选择命令 [起点,圆心,角度] 绘制如图 3-41 所示圆弧。

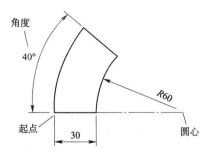

> 1. AutoCAD 默认设置逆时针方向为角度的正方向，且输入角度值为正值。
> 2. 此例中角度值输入：-40 表示与逆时针方向相反。

图 3-41

3. 选择命令 [起点,端点,半径] 绘制如图 3-42 所示圆弧。

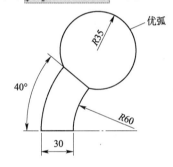

> 1. AutoCAD 默认绘制的圆弧是劣弧，即小于半圆的弧。此例中的弧大于半圆，是优弧。
> 2. 此例中的半径值输入：-35 表示所绘制的为优弧。

图 3-42

练习：绘制图 3-43、图 3-44。

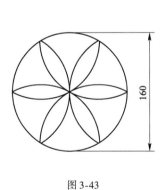

图 3-43   图 3-44

3．椭圆

椭圆是特殊样式的圆，与圆相比，椭圆的半径长度不一，较长的称为长轴，较短的称之为短轴，形状由长轴与短轴决定。在机械绘图中，椭圆一般用来绘制轴测图。

执行椭圆命令的方法如下。

（1）菜单栏：选择【绘图】|【椭圆】命令。

（2）命令行：输入 ELLIPSE（EL）。

（3）工具栏：单击【绘图】工具中栏的【椭圆】按钮 ⬭ 。

(4)功能区:在默认选项卡中,单击【绘图】面板中的【圆心】或【轴、端点】按钮,如图3-45所示。

AutoCAD2016共提供了2种绘制椭圆的方式,可以根据已知条件灵活选择。

练习:绘制图3-46和图3-47。

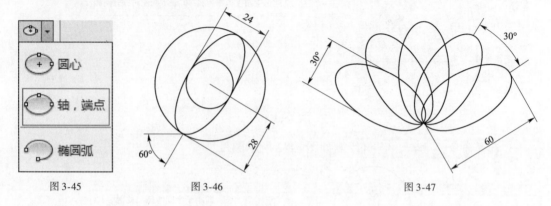

图3-45　　　　图3-46　　　　　　　　图3-47

4. 椭圆弧

椭圆弧是椭圆的一部分,它的起点和终点没有闭合。

执行椭圆弧命令的方法如下。

(1)菜单栏:选择【绘图】|【椭圆】|【椭圆弧】。

(2)命令行:输入 ELLIPSE（EL）。

(3)工具栏:单击【绘图】工具中栏的【椭圆弧】按钮 。

(4)功能区:在默认选项卡中,单击【绘图】面板中的【椭圆弧】按钮,如图3-48所示。

椭圆弧需要有其所在椭圆的两条轴及椭圆弧的起点和终点的角度等多个参数才能确定。

初学者应按照命令栏提示绘制,顺时针方向是图形去除的部分,逆时针方向是图形保留的部分。

命令行提示如下:

ELLIPSE 指定椭圆弧的轴端点或 [中心点(C)]:

ELLIPSE 指定轴的另一个端点:

ELLIPSE 指定另一条半轴长度或 [旋转(R)]:

ELLIPSE 指定起点角度或 [参数(P)]:

ELLIPSE 指定端点角度或 [参数(P) 夹角(I)]:

例3-9:绘制图形,如图3-49所示。

操作提示:

1. 执行圆命令,分别绘制半径为10,53的两个同心圆。(将圆心、端点设置对象捕捉对象),如图3-50所示。

2. 绘制长度为45、角度90°的直线作为辅助线,如图3-51所示。

第 3 章 常用二维机械图形绘图工具

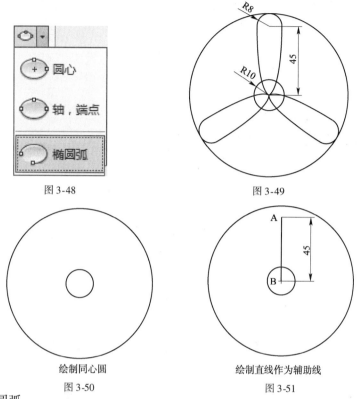

图 3-48　　　　　　　　　图 3-49

绘制同心圆　　　　　　　绘制直线作为辅助线

图 3-50　　　　　　　　　图 3-51

3. 绘制椭圆弧。

👁▾ ELLIPSE 指定椭圆弧的轴端点或 [中心点(C)]: c　　//鼠标单击 A 点作为椭圆弧的中心点

👁▾ ELLIPSE 指定椭圆弧的中心点:　　//鼠标单击 A 点作为椭圆弧的中心点

👁▾ ELLIPSE 指定轴的另一个端点:　　//鼠标单击 B 点作为椭圆弧的另一个端点

👁▾ ELLIPSE 指定另一条半轴长度或 [旋转(R)]: 8　　//输入另一半轴长度为 8

　👁▾ ELLIPSE 指定起点角度或 [参数(P)]:　　//开启极轴追踪,鼠标指定起点角度。注意顺时针方向是图形去除的部分,逆时针方向是图形保留的部分。

　👁▾ ELLIPSE 指定端点角度或 [参数(P) 夹角(I)]:　　//鼠标指定端点角度,绘制完成如图 3-52 所示。

4. 选择圆弧  起点,圆心,端点 命令,绘制圆弧,完成如图 3-53 所示。

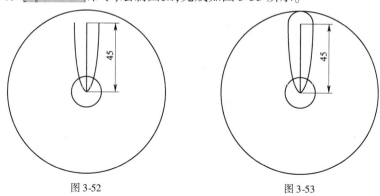

图 3-52　　　　　　　　　图 3-53

· 37 ·

5. 重复步骤2,绘制长度45,分别为210°、330°(-30°)的直线作为辅助线,依次绘制椭圆弧,圆弧。

6. 删除辅助直线,完成绘制。

练习:绘制图3-54和图3-55。

图3-54

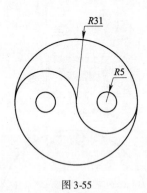

图3-55

3.3 绘 制 点

在机械制图中,点主要用来作为对象捕捉的参考点,用于定位,如标注孔,轴中心位置等。还有一类是等分点,用于对图形对象进行等分。AutoCAD2016提供了4种类型的点,分别是:

①单点。

②多点。

③定数等分点。

④定距等分点。

1. 设置点样式

点是没有大小、长度的图形对象,系统默认绘制的点显示为一个小圆点,在屏幕上很难看清,因此,设置点的显示样式,清楚识别点的位置。

设置点样式的命令如下。

(1)菜单栏:选择【格式】|【点样式】命令。

(2)命令行:输入 DDPTYPE(PTYPE／PT)。

(3)功能区:单击【实用工具】选项卡中【点样式】按钮。

执行该命令后,打开【点样式】对话框,更改点的大小和显示样式,如图3-56所示。

注意:

如图3-56所示,点大小的定义方式有两种,如果选择【相对于屏幕设置大小】,则每次更改视图大小之后,绘制的点的大小也随之改变以适应屏幕;如果选择【按绝对单位设置大小】,则点标记的大小始终固定。

2. 单点与多点

单点就是执行一次命令,只能绘制一个点;多点就是执行一次命令后可以连续绘制多个点,直到按 Esc 键结束命令为止。

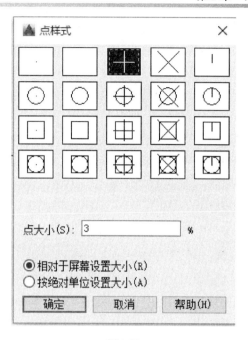

图 3-56

1) 执行单点命令的方法

(1) 菜单栏:选择【绘图】|【点】|【单点】命令。

(2) 命令行:输入 POINT（PO）。

2) 执行多点命令的方法

(1) 菜单栏:选择【绘图】|【点】|【多点】命令。

(2) 工具栏:单击【绘图】工具中栏的【多点】按钮。

(3) 功能区:在默认选项卡中,单击【绘图】面板中的【多点】按钮。

注意:

(1) 命令行输入 POINT（PO）绘制是单点。

(2) 功能区:在默认选项卡中,单击【绘图】面板中的【多点】按钮,单击【绘图】工具中栏的【多点】按钮,绘制的都是多点,需要按 Esc 键结束命令。

3. 定数等分点

定数等分是沿对象的长度或周长,按相等的间隔创建点对象或块。

执行定数等分点命令的方法如下。

(1) 菜单栏:选择【绘图】|【点】|【定数等分】命令。

(2) 命令行:输入 DIVIDE（DIV）。

(3) 功能区:在默认选项卡中,单击【绘图】面板中的【定数等分】按钮。

命令行提示如下:

DIVIDE 选择要定数等分的对象: // 鼠标选择要定数等分的对象

DIVIDE 输入线段数目或 [块(B)]:   //输入等分线段数目3,完成如图3-57所示。

练习: 绘制图 3-58 ~ 图 3-60。

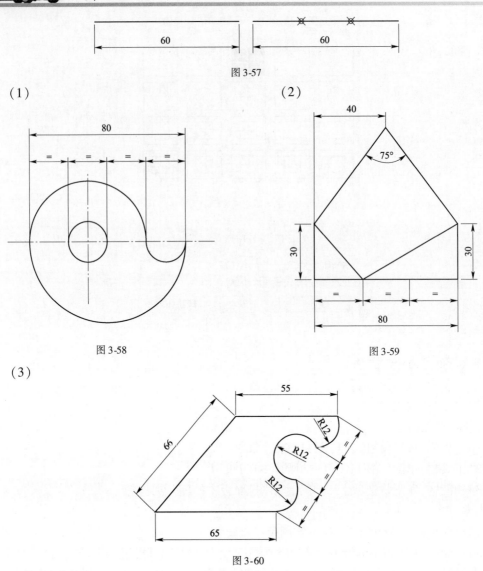

(1)　　　　　　　　　　　　　　(2)

图 3-57

图 3-58　　　　　　　　　　　　图 3-59

(3)

图 3-60

4. 定距等分点

定距等分是沿对象的长度或周长,按指定的间隔创建点对象或块。与定数等分不同,因为等分后的子线段数目是线段总长度除以等分距离,所以等分后可能会出现剩余线段,存在不确定性。

执行定距等分点命令的方法如下。

(1)菜单栏:选择【绘图】|【点】|【定距等分点】命令。

(2)命令行:输入 MEASURE(ME)。

(3)功能区:在默认选项卡中,单击【绘图】面板中的【定距等分】按钮。

命令行提示如下。

MEASURE 选择要定距等分的对象:　　//鼠标选择定距等分对象

MEASURE 指定线段长度或 [块(B)]:　　//输入线段长度20,完成如图3-61所示。

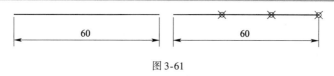

图 3-61

注意:

定距等分鼠标选取对象时,光标靠近对象哪一端,就从那一端开始等分。如图 3-61 等分结果也可以如图 3-62 所示。

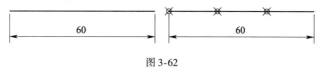

图 3-62

3.4 绘制多边形

1. 矩形

矩形就是我们通常说的长方形,是通过指定矩形的任意两个对角位置确定的。在 AutoCAD 2016 中绘制矩形时,可以为其设置倒角、圆角、宽度和厚度等值。如图 3-63 所示。

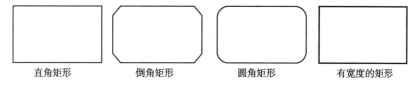

图 3-63

执行矩形命令的方法如下。

(1)菜单栏:选择【绘图】|【矩形】命令。

(2)命令行:输入 RECTANG（REC）。

(3)工具栏:单击【绘图】工具中栏的【矩形】按钮 。

(4)功能区:在默认选项卡中,单击【绘图】面板中的【矩形】按钮 。

命令行提示如下。

RECTANG 指定第一个角点或 [倒角(C) 标高(E) 圆角(F) 厚度(T) 宽度(W)]:

①倒角:从两个边上分别切去的长度。

②圆角:矩形的 4 个圆角的半径。

③宽度:设置矩形的线宽。

④厚度:设置矩形的厚度,应用于三维。

RECTANG 指定另一个角点或 [面积(A) 尺寸(D) 旋转(R)]:   //选择绘制矩形的方式

矩形的常见绘制方式有以下四种:

(1)已知两个角点位置绘制矩形。

(2)面积法绘制矩形。

①已知矩形的第一个角点位置、矩形面积、矩形长度,3 个要素绘制矩形。

②已知矩形的第一个角点位置、矩形面积、矩形宽度,3 个要素绘制矩形。

(3)尺寸法绘制矩形。
已知矩形的第一个角点位置、矩形长度、矩形的宽度、另一个角点的方向,4个要素绘制矩形。
(4)旋转法绘制矩形。
①设置旋转角度绘制矩形;角度为矩形的长边与坐标系 X 轴正方向的夹角,逆时针为正。
②通过拾取点确定旋转角度绘制矩形。

例 3-10:绘制图形,如图 3-64 所示。

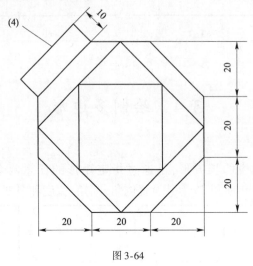

图 3-64

操作提示:

(1)已知角点位置,设置倒角参数绘制矩形。

　　RECTANG 指定矩形的第一个倒角距离 <0.0000>: 20

　　RECTANG 指定矩形的第二个倒角距离 <20.0000>: 20

　　RECTANG 指定第一个角点或 [倒角(C) 标高(E) 圆角(F) 厚度(T) 宽度(W)]:

//鼠标点击指定第一个角点

　　RECTANG 指定另一个角点或 [面积(A) 尺寸(D) 旋转(R)]: @60,60

//输入另一个角点的相对第一个角点的坐标值@60,60

(2)已知角点位置,旋转角度绘制矩形。

　　RECTANG 指定第一个角点或 [倒角(C) 标高(E) 圆角(F) 厚度(T) 宽度(W)]:

//对象捕捉开启中点捕捉,鼠标指定矩形底边的终点为第一个角点

　　RECTANG 指定另一个角点或 [面积(A) 尺寸(D) 旋转(R)]: R

//绘制旋转矩形

　　RECTANG 指定旋转角度或 [拾取点(P)] <0>: 45

//指定旋转角度45°

　　RECTANG 指定另一个角点或 [面积(A) 尺寸(D) 旋转(R)]:

//鼠标指定矩形的另一个角点

注意:矩形的倒角、圆角、宽度、旋转酵素等参数,具有继承性,不会自动归零。应根据需

要重新设置。

(3)已知角点位置,旋转角度为0°,绘制矩形。

(4)已知第一角点位置,旋转角度通过拾取点确定,另一个角点位置通过尺寸确定。

RECTANG 指定第一个角点或 [倒角(C) 标高(E) 圆角(F) 厚度(T) 宽度(W)]:

RECTANG 指定另一个角点或 [面积(A) 尺寸(D) 旋转(R)]: R

RECTANG 指定旋转角度或 [拾取点(P)] <45>: P

RECTANG 指定另一个角点或 [面积(A) 尺寸(D) 旋转(R)]: D

RECTANG 指定矩形的长度 <28.2843>: //鼠标拾取

RECTANG 指定矩形的宽度 <10.0000>: 10   //绘制完成,绘制步骤如图 3-65 所示。

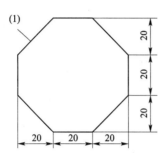 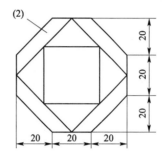

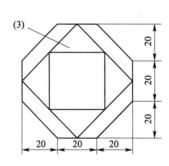 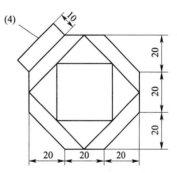

图 3-65

例 3-11:绘制图形,如图 3-66 所示。

操作提示:

操作步骤如图 3-67 所示。

练习:绘制图 3-68 和图 3-69。

2. 正多边形

正多边形是由 3 条以上长度相等的线段组成的闭合图形,边数越多,就越接近圆。

执行正多边形命令的方法如下。

(1)菜单栏:选择【绘图】|【多边形】命令。

(2)命令行:输入 POLYGON(POL)。

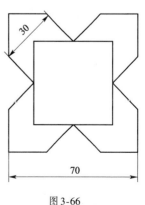

图 3-66

（3）工具栏：单击【绘图】工具中栏的【多边形】按钮 ⬠。
（4）功能区：在默认选项卡中，单击【绘图】面板中【多边形】按钮 ⬠多边形。

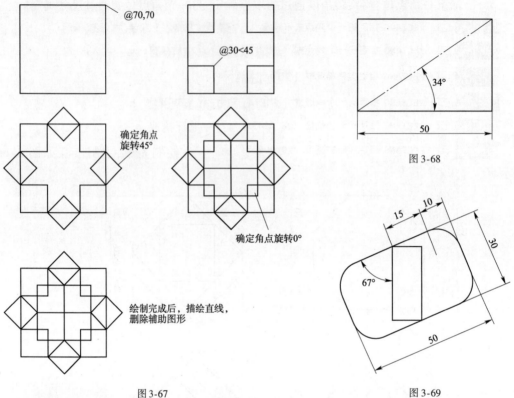

图 3-67　　　　　　　　　　　　　　图 3-69

执行正多边形命令后，命令行提示如下：

　　　POLYGON _polygon 输入侧面数 <4>：　　//其范围为 3~1024。

　　　POLYGON 指定正多边形的中心点或 [边(E)]：　　//选择绘制正多边形的方式，指定边或指定中心点。

如选择指定中心点，则命令行提示如下：

　　　POLYGON 输入选项 [内接于圆(I) 外切于圆(C)] <I>：　　//根据需要选择。内接与圆输入 I，外切与圆输入 C，如图 3-70 所示。

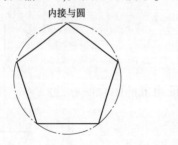

图 3-70

　　　POLYGON 指定圆的半径：　　//输入圆的半径。

如选择指定正多边形的边,则命令行提示如下:

POLYGON 指定正多边形的中心点或 [边(E)]: e 指定边的第一个端点:

POLYGON 指定正多边形的中心点或 [边(E)]: e 指定边的第一个端点: 指定边的第二个端点:

例 3-12:绘制图形,如图 3-71 所示。

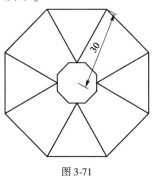

图 3-71

操作提示:

具体步骤如图 3-72 所示。

(1)绘制正 8 边形,内接与圆,半径为 30。

(2)绘制正 3 边形,边长为上一个正 8 边形的边。

(3)绘制正 8 边形,外切与圆,半径为圆心至上一步骤中三角形的顶点。

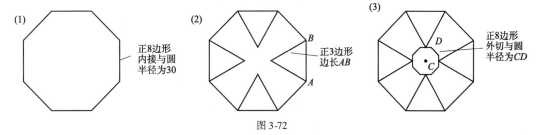

图 3-72

例 3-13:绘制图形,如图 3-73 所示。

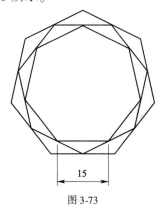

图 3-73

操作提示:

具体步骤如图 3-74 所示。

练习:绘制图 3-75 和图 3-76。

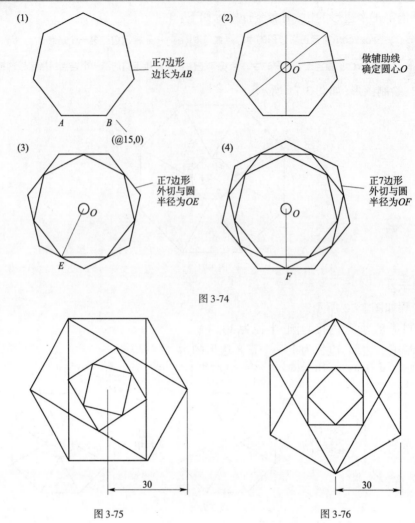

图 3-74

图 3-75　　　　　　　　　　　图 3-76

3.5　图案填充和渐变色填充

1. 图案填充

图案填充是使用填充图案对封闭区域或选定对象进行填充。

创建图案填充的方法如下。

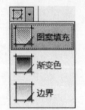

图 3-77

(1) 菜单栏:选择【绘图】|【图案填充】命令。
(2) 命令行:输入 HATCH。
(3) 工具栏:单击【绘图】工具中栏的【图案填充】按钮 ▨ 。
(4) 功能区:在默认选项卡中,单击【绘图】面板中【图案填充】按钮,如图 3-77 所示。

执行图案填充命令后,命令行提示如下:

HATCH 拾取内部点或 [选择对象(S) 放弃(U) 设置(T)]:

//输入T,弹出图案填充和渐变色对话框,如图3-78所示,设置填充参数。

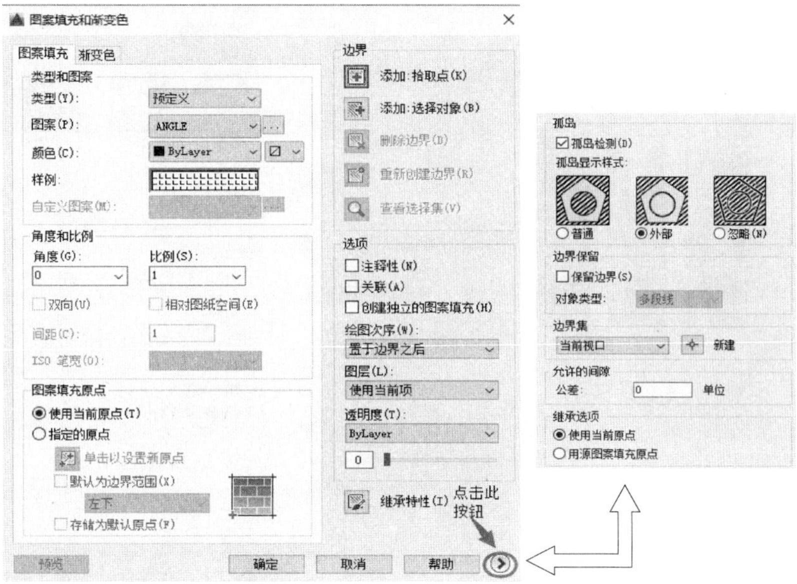

图3-78

//参数设置完成后,拾取内部点或选择对象,完成填充。

2.渐变色填充

创建渐变色填充的方法如下。

(1)菜单栏:选择【绘图】|【渐变色】命令。

(2)命令行:输入 GRADIENT。

(3)工具栏:单击【绘图】工具中栏的【渐变色】按钮 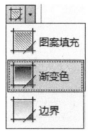。

(4)功能区:在默认选项卡中,单击【绘图】面板中【渐变色】按钮,如图3-79所示。

图3-79

执行渐变色命令后,命令行提示如下:

//输入T,弹出渐变色对话框,设置填充参数,如图3-80所示。
//参数设置完成后,拾取内部点或选择对象,完成填充。

3.编辑图案和渐变填充

编辑图案渐变色填充的方法如下。

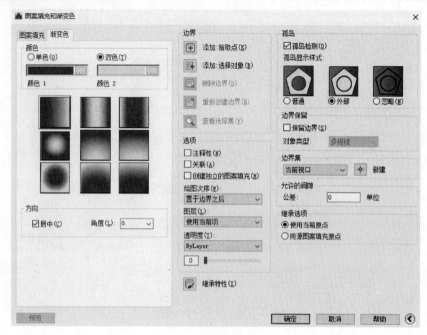

图 3-80

(1)菜单栏:选择【修改】|【对象】|【图案填充】命令。
(2)命令行:输入 HATCHEDIT。
执行编辑图案渐变色填充命令后,命令行提示如下:

//选择图案填充对象,弹出图案填充编辑对话框,修改参数设置即可,如图 3-81 所示。

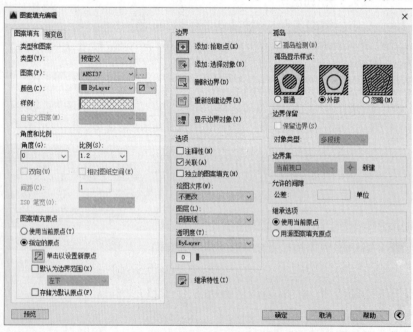

图 3-81

练习:绘制图 3-82~图 3-84。

（1）

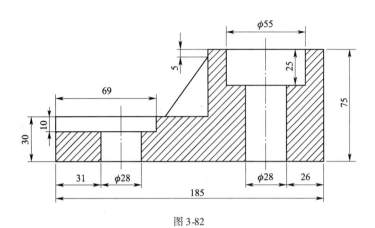

图 3-82

（2）

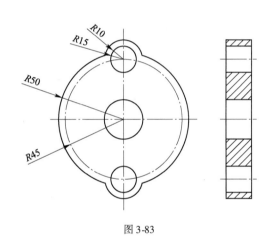

图 3-83

（3）

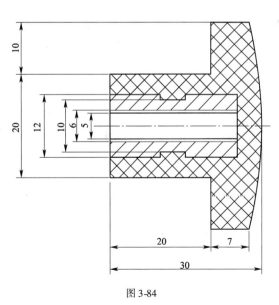

图 3-84

3.6 图块及其属性

简单地说,图块就是一个对象,一些图形的组合。可以将几个简单的图形组合创建成块,也可以将一张完整的图纸创建成块,一切看作图的需要。块的主要作用是为了让我们能够反复使用相应的图形。

1. 创建内部块

内部块仅限于在创建块的图形文件中使用。

创建内部块的方法如下。

(1)菜单栏:选择【绘图】|【块】|【创建】命令。

(2)命令行:输入 BLOCK(B)。

(3)工具栏:单击【绘图】工具中栏的【创建块】按钮 。

(4)功能区:在默认选项卡中,单击【块】面板中【创建】按钮,如图3-85 所示。

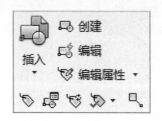

图 3-85

执行创建块命令后,弹出块定义对话框,如图3-86 所示。

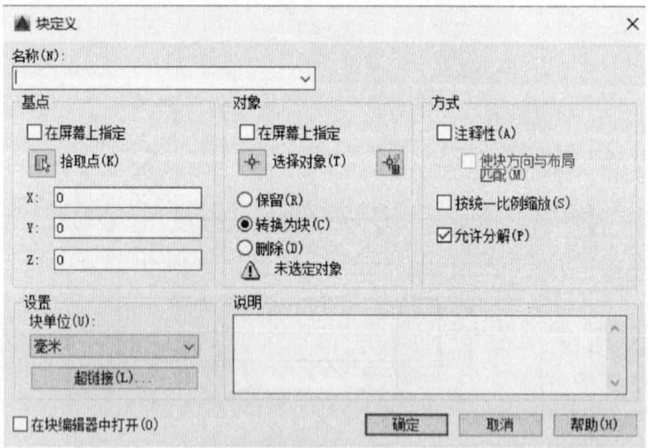

图 3-86

①[名称]文本框:输入或选择块的名称。

②[拾取点]按钮:单击该按钮,切换到绘图窗口中拾取基点。

③[选择对象]按钮:单击该按钮,切换到绘图窗口拾取创建块的对象。

④[保留]单选按钮:创建块后,保留源对象不变。

⑤[转换为块]单选按钮:创建块后,源对象转换为块。
⑥[删除]单选按钮:创建块后,删除源对象。
⑦[允许分解]复选框:勾选该选框,允许块被分解。

注意:
理论上,基点可以是图块的任意点,但是为了方便定位,经常选取端点、中点、圆心等特征点作为插入基点。

2. 插入块

对于定义好的图块,在绘图过程中可以根据需要将其插入到当前图形的任意位置,在插入的同时还可以改变图块的大小、选择一定的角度或把图块分解等。

插入块的方法如下。

(1)菜单栏:选择【插入】|【块】命令。
(2)命令行:输入 INSERT(I)。
(3)工具栏:单击【绘图】工具中栏的【插入块】按钮。
(4)功能区:在默认选项卡中,单击【块】面板中【插入块】按钮,如图 3-87 所示。

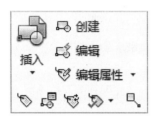

图 3-87

执行插入块命令后,弹出插入对话框,如图 3-88 所示。

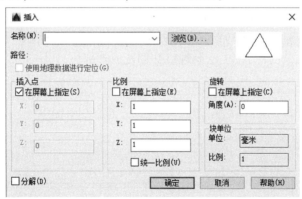

图 3-88

选择需要插入的块,并根据需要设置快的比例、旋转等参数。

3. 编辑块

编辑块的方法:
(1)功能区:在默认选项卡中,单击【块】面板中【编辑】按钮或【编辑属性】按钮,如图 3-89 所示。

图 3-89

(2)选择需要编辑的块,进入块编写状态。图 3-90 为块编辑对话框,选需要编辑的块,进入块编辑状态,修改编辑图形。

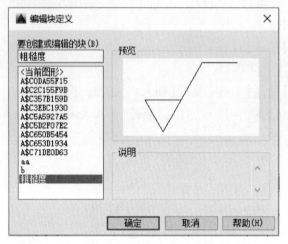

图 3-90

练习:

(1)创建并插入表面粗糙度图块(以线宽 0.5mm,文字高度 3.5mm 为例),如图 3-91 所示。

(2)绘制毡圈并创建块,如图 3-92 所示。

(3)绘制螺钉并创建成外部块,如图 3-93 所示。

图 3-91

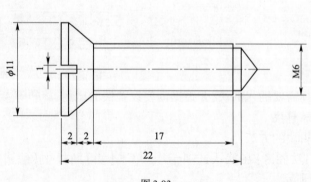

图 3-92　　　　　　　　　　图 3-93

第3章 常用二维机械图形绘图工具

提示：

内部块仅限于创建块的文件使用，外部块以文件的形式单独保存。当其他文件中也需要使用时，则需要创建外部块。在命令行中输入写块命令 WBLOCK(W)，系统弹出写块对话框，设置参数，保存文件即可。

3.7 文字与表格

一张完整的工程图样除了用图形正确、清晰地表达物体的结构形状外，还需要用文字或表格的形式来说明，如注释说明、技术要求、标题栏和明细表等。

1.文字样式

文字样式是同一类文字格式设置的集合，包含字体、字高、显示效果等。

设置文字样式的方法如下。

（1）菜单栏：选择【格式】|【文字样式】命令。

（2）命令行：输入 STYLE(ST)。

（3）工具栏：单击【文字】工具中栏的【文字样式】按钮 ![A] 。

（4）功能区：在默认选项卡中，单击【注释】面板中【文字样式】按钮 ![A]，如图 3-94 所示。

图 3-94

执行【文字样式】命令后，弹出文字样式对话框，如图3-95 所示。

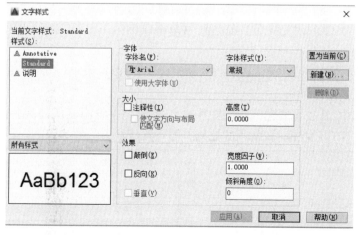

图 3-95

①[样式列表框]:显示当前已经创建的文字样式,也可以创建新的文字样式、重命名已有的文字样式或删除文字样式。默认的文字样式 Standard(标准)不能重新命名。

②[字体名列表框]:用于选择文字字体。

③[字体样式列表框]:用于选择文字样式,如常规、斜体、粗体等。

④[注释性复选框]:勾选该复选框,文字将成为注释性对象,再打印输出时,可以通过设置注释性比例灵活控制文字大小。

⑤[高度文本框]:设置文字的高度。如果将文字高度设置为0,每次标注单行文字时,都会提示输入字高。如果字高不为0,则不提示。因此,0字高用于使用相同文字样式来标注不同文字高度文字对象。

⑥[颠倒、方向复选框]:用于文字显示效果。

⑦[宽度因子文本框]:设置字符的宽高比。小于1.0,压缩文字宽度,反之,文字宽度扩大。

⑧[倾斜角文本框]:设置文字的倾斜角度。

设置好文字的样式后,就可以创建文字了。AutoCAD 提供了两种创建文字的方法:单行文字和多行文字。对简短的注释文字可以使用单行文字命令、对复杂的多行文字则使用多行文字命令。

2. 单行文字

1) 创建单行文字的方法

(1) 菜单栏:选择【绘图】|【文字】|【单行文字】命令。

(2) 命令行:输入 DTEXT(DT)。

(3) 工具栏:单击【文字工具栏】中的【单行文字】按钮 A 。

(4) 功能区:在默认选项卡中,单击【注释】面板中【单行文字】按钮。

注意:

(1) 在单行文字命令中,按下 Enter 键,可以继续输入下一行文字。但实际上行与行之间是相互独立的,可以进行独立的编辑。

(2) 在单行文字命令中,按下 Ctrl + Enter 组合键,可以结束单行文字的输入。

2) 添加特殊符号

在实际绘图中,往往需要输入一些特殊的字符,这些字符不能从键盘上直接输入,因此,AutoCAD 提供了相应的控制符,常用的控制符如下表所示。

控 制 符	含 义	控 制 符	含 义
%%C	Φ 直径符号	%%O	上划线
%%P	± 正负公差符号	%%U	下划线
%%D	°度数符号		

第 3 章 常用二维机械图形绘图工具

注意:

(1)控制符%%O、%%U分别是上划线与下划线的开关。第一次出现时,表示开始绘制上划线或下划线;第二次出现时,表示绘制结束。

(2)特殊的字符也可以通过输入法的软键盘实现输入。

(3)当文字出现？时,说明字体不对或者没有字体名,选择正确的字体,有@的不可用。

3. 多行文字

1) 创建多行文字的方法

(1)菜单栏:选择【绘图】|【文字】|【多行文字】命令。

(2)命令行:输入 MTEXT(MT)。

(3)工具栏:单击【文字工具栏】中的【多行文字】按钮 A。

(4)功能区:在默认选项卡中,单击【注释】面板中【多行文字】按钮。

2) 文字编辑的方法

(1)菜单栏:选择【修改】|【对象】|【文字】|【编辑】命令。

(2)命令行:输入 DDEDIT(ED)。

(3)工具栏:单击【文字工具栏】中的【编辑】按钮。

(4)在需要修改的文字上双击鼠标。

执行【编辑】命令后,弹出文字编辑器:

利用文字编辑器,可以修改文字的内容和格式。

练习:

文字样式要求,如下表所示。

样式名称	GB01	GB02
字体	仿宋	仿宋
高度	2.5	0
宽度因子	1	0.7
倾斜角度	0	15

(1)使用文字样式 GB02,创建图的提示文字,字高 3。

坡度30°,请慢速行驶

(2)使用文字样式 GB01,创建下图的多行文字。

本次运动会参加两人三足比赛的有三组运动员：

1. 王平和祖尹

2. 刘思嘉和陈臣

3. 吴泰和陆黎明

4. 表格

使用 AutoCAD 创建表格，首先要创建表格的样式，对表格的行、列以及表格中的参数等进行设置，并使用软件提供的编辑功能对表格整体及单元格进行编辑，这样才能创建用户所需要的表格。

1）设置表格样式的方法

（1）菜单栏：选择【格式】|【表格样式】命令。

（2）命令行：输入 TABLESTYLE。

（3）工具栏：单击【样式】工具中栏的【表格样式】按钮 。

执行【表格样式】命令后，弹出表格样式对话框，如图 3-96 所示。

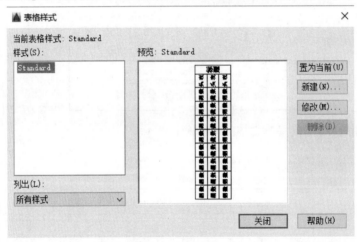

图 3-96

可根据需要设置、修改、新建表格样式。

2）创建表格的方法

（1）菜单栏：选择【绘图】|【表格】命令。

（2）命令行：输入 TABLE。

（3）工具栏：单击【绘图】工具中栏的【表格】按钮 。

执行创建【表格】命令后，弹出插入表格对话框，如图 3-97 所示。

练习：

（1）创建如图所示的学生信息表，标题文字高度 6、表头文字高度 3、文字样式 GB02；表格数据内容使用文字样式 GB01，列宽 10。

第 3 章　常用二维机械图形绘图工具

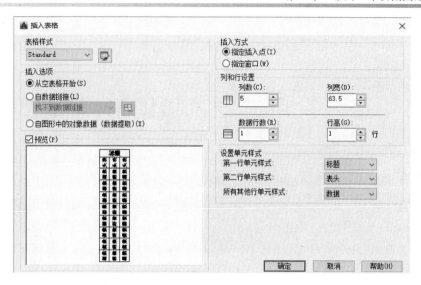

图 3-97

(2) 绘制下面的表格。

第4章 常用二维机械图形编辑工具

教学目标

1．熟练掌握常用的二维机械图形的编辑修改工具，包括移动、旋转、复制、偏移、修剪、延伸、缩放、倒角、圆角、镜像、阵列等。
2．能够准确、快速应用图形绘制工具和编辑修改工具，绘制复杂的机械图形。

4.1 移　　动

将图形对象从一个位置按照一定的角度和距离移动到另一个位置。
执行移动命令的方法如下。
（1）菜单栏：选择【修改】|【移动】命令。
（2）命令行：输入 MOVE（M）。
（3）工具栏：单击【修改】工具中栏的【移动】按钮 ┿ 。
（4）功能区：在默认选项卡中，单击【修改】面板中【移动】按钮 ┿ 移动。
命令行提示如下：

　　　MOVE 选择对象：　　　//选择移动对象
（1）通过指定基点和第二点移动对象。

　　　MOVE 指定基点或 [位移(D)] <位移>：　　//指定基点，基点不一定在对象上或对象内，主要是便于移动定位。

　　　MOVE 指定第二个点或 <使用第一个点作为位移>：　　//指定第二个点是输入移动位移。可以用坐标输入，也可以鼠标拖出方向与距离，如图 4-1 所示。

　　　MOVE 指定第二个点或 <使用第一个点作为位移>：@60,0　　//输入相对坐标，沿 X 轴正方向移动 60，如图 4-2 所示。

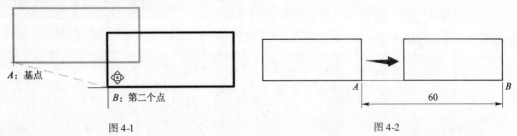

图 4-1　　　　　　　　　　　　　图 4-2

(2)指定位移,输入坐标移动对象。

　　[图标] MOVE 指定基点或 [位移(D)] <位移>: D　　//输入 D,位移移动。

　　[图标] MOVE 指定位移 <30.0000, 20.0000, 0.0000>: @60,0　　//输入相对坐标沿 X 轴正方向移动 60,移动结果如图 4-2 所示。

4.2 旋　　转

　　将图形对象围绕着一个固定的点(基点)旋转一定的角度。完成旋转需要确定旋转对象、旋转基点、旋转角度。逆时针旋转角度为正值,顺时针为负值。

　　执行旋转命令的方法如下。

　　(1)菜单栏:选择【修改】|【旋转】命令

　　(2)命令行:输入 ROTATE（RO）

　　(3)工具栏:单击【修改】工具中栏的【旋转】按钮 [图标]

　　(4)功能区:在默认选项卡中,单击【修改】面板中【旋转】按钮 [图标] 旋转。

　　命令行提示如下。

　　[图标] ROTATE 选择对象:　　//鼠标选择旋转对象。

　　[图标] ROTATE 指定基点:　　//鼠标指定旋转基点。

　　(1)旋转角度。

　　[图标] ROTATE 指定旋转角度,或 [复制(C) 参照(R)] <0>: 30　　//A 点为基点,旋转角度为 30 的旋转结果如图 4-3 所示。

　　(2)复制(C)并旋转。

　　[图标] ROTATE 指定旋转角度,或 [复制(C) 参照(R)] <0>: C　　//键盘输入 C,复制并旋转。

　　[图标] ROTATE 指定旋转角度,或 [复制(C) 参照(R)] <0>: 30　　//输入旋转角度 30°,结果如图 4-4 所示。

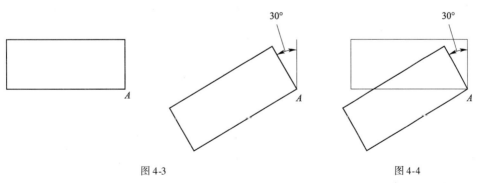

图 4-3　　　　　　　　　　　　　　　图 4-4

　　(3)参照(R)。

　　[图标] ROTATE 指定旋转角度,或 [复制(C) 参照(R)] <0>: R　　//键盘输入 R,矩形

AB 边将作为参照,A 点作为旋转基点,旋转至与不知道角度的直线重合。

ROTATE 指定参照角 <90>:   //鼠标点击 A 点,作为参照角的第一个点。

ROTATE 指定参照角 <90>: 指定第二点: //鼠标点击 B,指定参照角的第二点。

ROTATE 指定新角度或 [点(P)] <30>:   //鼠标选择未知角度的直线,完成如下图 4-5 所示。

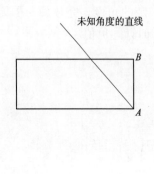
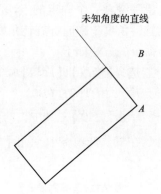

图 4-5

例 4-1：绘制图形,如图 4-6 所示。

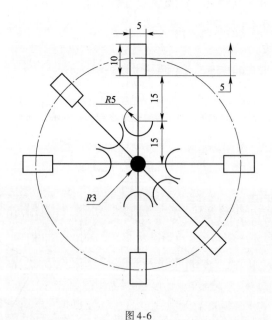

图 4-6

操作提示:如图 4-7 所示。

练习:绘制图形,如图 4-8 所示。

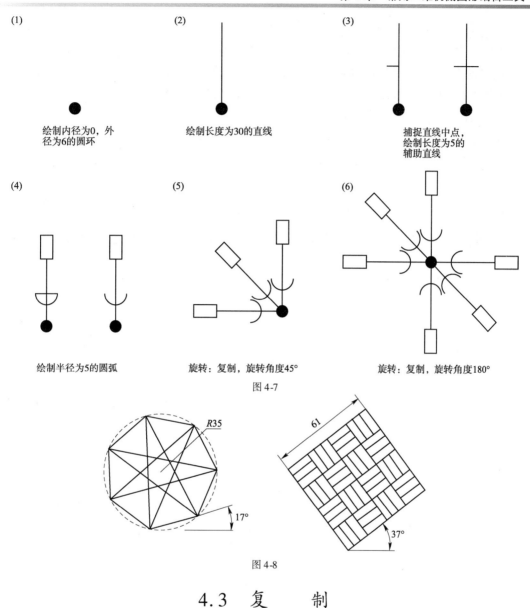

图 4-7

图 4-8

4.3 复 制

在指定方向上按照指定距离创建一个与源对象相同的对象。

执行复制命令的方法如下。

(1) 菜单栏:选择【修改】|【复制】命令。

(2) 命令行:输入 COPY (CO)。

(3) 工具栏:单击【修改】工具中栏的【复制】按钮。

(4) 功能区:在默认选项卡中,单击【修改】面板中【复制】按钮 复制。

命令行提示如下。

COPY 选择对象:　　//鼠标选择对象。

COPY 指定基点或 [位移(D) 模式(O)] <位移>:　　//可以指定基点、位移、模式。
指定位移与【移动】MOVE命令中的"位移(D)"选项类似,这里不再赘述。

指定基点:基点不一定在对象上或对象内,主要是便于复制定位。

COPY 指定第二个点或 [阵列(A)] <使用第一个点作为位移>:　　//指定第二个点,与【移动】MOVE命令类似,这里不做详细讲解。

选择阵列(A):2012版本新增的功能,对于有规律的复制,我们可以选择此选项。

COPY 指定第二个点或 [阵列(A)] <使用第一个点作为位移>: A　　//键盘输入A。

COPY 输入要进行阵列的项目数: 3　　//根据需要输入阵列的项目。

COPY 指定第二个点或 [布满(F)]:　　//鼠标指定第二点位移、方向,则如图4-9所示。

图 4-9

由图 4-9 可以看出,键盘输入的阵列项目数是包含源对象的,复制后的新对象与源对象之间的距离均等,取决于第一个新对象与源对象之间的距离。

对于复杂的整列复制,可以使用修改【阵列】命令。

注意:

除上述【复制】命令外,我们还经常采用快捷键复制命令;【Ctrl + C】和【Ctrl + V】。二者区别是基点的位置不同,快捷键复制不能指定基点位置,默认基点在对象的左下角。

练习1:使用移动、旋转、复制命令,绘制图4-10和图4-11。

(1)　　　　　　　　　　　　　(2)

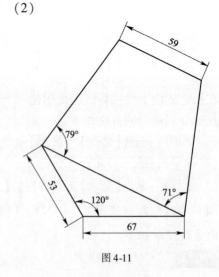

图 4-10　　　　　　　　　图 4-11

练习2：使用移动、复制命令，绘制如图4-12所示的中国象棋棋盘。

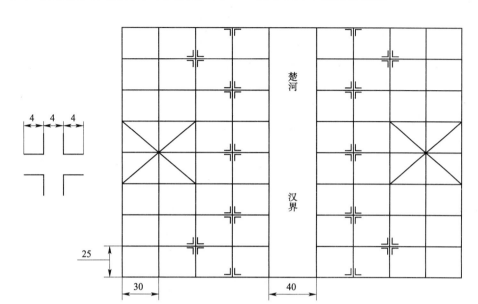

图4-12

4.4 偏 移

偏移命令是一种特殊的复制对象方法，是根据指定的距离或通过点创建一个与所选取的对象平行或具有同心结构的对象。偏移的对象可以是直线段、射线、圆弧、圆、椭圆弧、椭圆、二维多段线和平面上的样条曲线等。对象偏移后，圆弧形成同心的对象，直线形成平行的对象。

执行偏移命令的方法如下。

(1) 菜单栏：选择【修改】|【偏移】命令。

(2) 命令行：输入 OFFSET（O）。

(3) 工具栏：单击【修改】工具中栏的【偏移】按钮 ⊂⊇。

(4) 功能区：在默认选项卡中，单击【修改】面板中【偏移】按钮 ⊂⊇。

在命令执行过程中，需要确定偏移源对象、偏移距离和偏移方向。

命令行提示如下。

    ⊠ ✕ ⊂⊇ ▾ OFFSET 指定偏移距离或 [通过(T) 删除(E) 图层(L)] <通过>：

① 通过(T)：偏移距离由源对象外的一点决定，生成通过该点切平行或与源对象同心的对象。

② 删除(E)：偏移源对象后，将其删除。

③ 图层(L)：确定将偏移后的对象创建在当前图层上还是源对象所在的图层上。

例4-2：应用偏移、旋转命令绘制图4-13所示图形。

图 4-13

操作提示： 如图 4-14、图 4-15 所示。

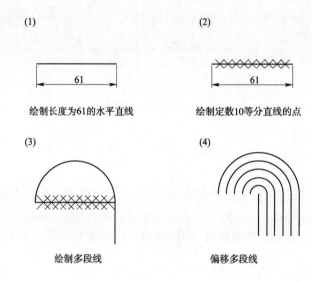

(1) 绘制长度为61的水平直线
(2) 绘制定数10等分直线的点
(3) 绘制多段线
(4) 偏移多段线

图 4-14

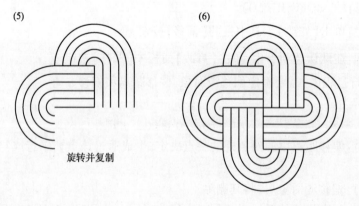

(5) 旋转并复制
(6)

图 4-15

练习:应用偏移命令,绘制如图 4-16 所示图形。

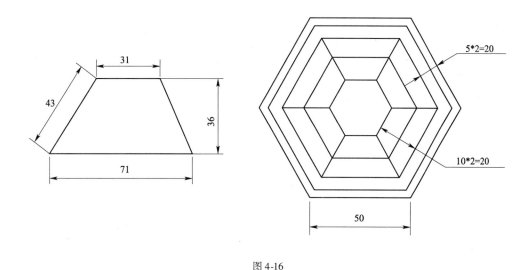

图 4-16

4.5 修　　剪

将选定的对象在指定边界一侧的部分剪切掉。在【修剪】命令中有两类对象:剪切边和要修剪的对象。注意选择需要修剪的对象时光标所在的位置。需要删除哪一部分,则单击该部分。

执行修剪命令的方法如下。

(1)菜单栏:选择【修改】|【修剪】命令。

(2)命令行:输入 TRIM(TR)。

(3)工具栏:单击【修改】工具中栏的【修剪】按钮 -/--。

(4)功能区:在默认选项卡中,单击【修改】面板中【修剪】按钮-/-- **修剪**　。

命令行提示如下:

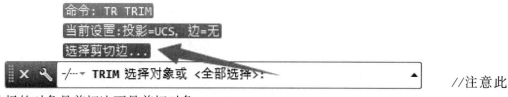

//注意此时选择的对象是剪切边不是剪切对象;

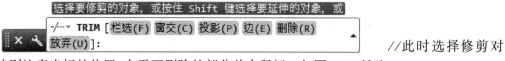

//此时选择修剪对象,特别注意光标的位置,在需要删除的部分单击鼠标。如图 4-17 所示。

例 4-3:绘制图形,如图 4-18 所示。

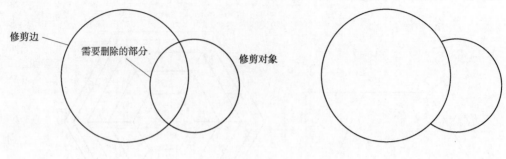

图 4-17

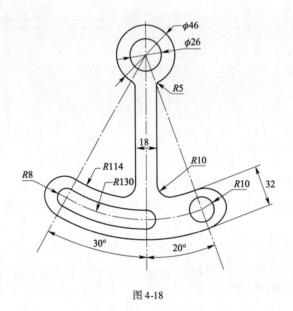

图 4-18

操作提示：如图 4-19、图 4-20 所示。

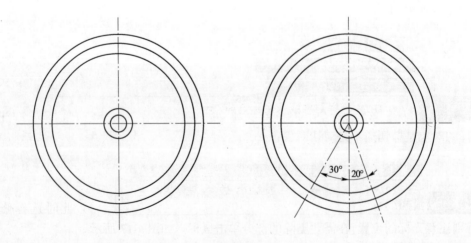

图 4-19

第4章　常用二维机械图形编辑工具

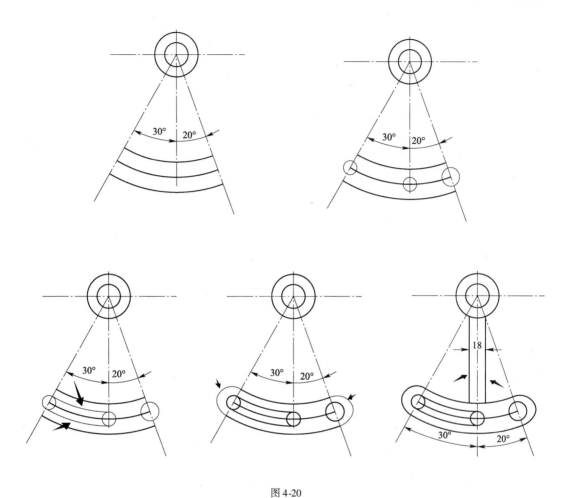

图 4-20

练习：应用修剪命令，绘制图 4-21～图 4-24。
（1）　　　　　　　　　　　　　　　（2）

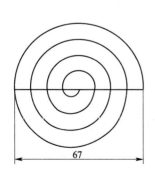

图 4-21

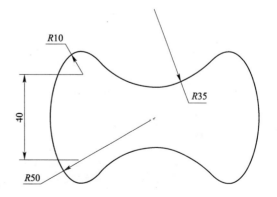

图 4-22

(3) 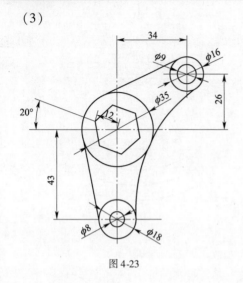   (4)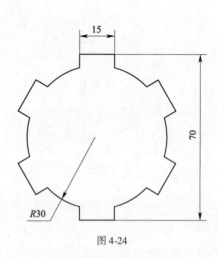

图 4-23   图 4-24

4.6 延　伸

将选定的对象延伸到指定的边界上。在【延伸】命令中有两类对象:边界边和要延伸的对象。延伸命令的使用方法与修剪命令相似,需要先指定延伸的边界,然后选择延伸的对象。在使用延伸命令时,按下【SHIFT】键同时选择对象,可以切换至【修剪】命令。

执行延伸命令的方法如下:

(1)菜单栏:选择【修改】|【延伸】命令。

(2)命令行:输入 EXTEND（EX）。

(3)工具栏:单击【修改】工具中栏的【延伸】按钮 ---/ 。

(4)功能区:在默认选项卡中,单击【修改】面板中【修剪】按钮下拉菜单中延伸按钮。

命令行提示如下:

命令: EX EXTEND
当前设置:投影=UCS, 边=无
选择边界的边...
EXTEND 选择对象或 <全部选择>:   //选择延伸边界,
选择对象:
选择要延伸的对象, 或按住 Shift 键选择要修剪的对象, 或
EXTEND [栏选(F) 窗交(C) 投影(P) 边(E) 放弃(U)]:   //选择延伸对象,

如图 4-25 所示。

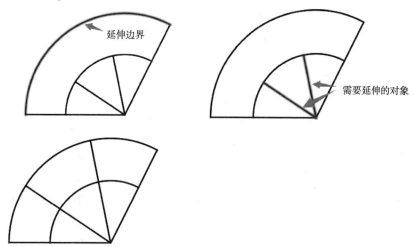

图 4-25

4.7 缩 放

将选定的对象以基点为参照进行按比例放大或缩小。在命令执行过程中,需要确定缩放对象、缩放基点、比例因子。

执行缩放命令的方法如下:
(1)菜单栏:选择【修改】|【缩放】命令。
(2)命令行:输入 SCALE（SC）。
(3)工具栏:单击【修改】工具中栏的【缩放】按钮 。
(4)功能区:在默认选项卡中,单击【修改】面板中【缩放】按钮 缩放。
命令行提示如下:

SCALE 选择对象： //选择缩放对象,

SCALE 指定基点： //指定缩放基点,

SCALE 指定比例因子或 [复制(C) 参照(R)]： //输入比例因子或者选择缩放方式:复制或参照,如图 4-26 所示。

例 4-4:应用缩放命令参照选项,绘制图 4-27 所示图形。

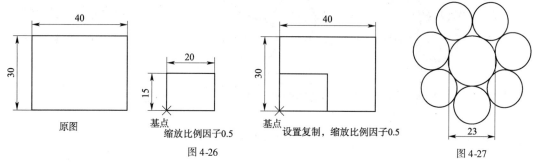

图 4-26　　　　　　　　　　　　图 4-27

操作提示：如图 4-28 所示。

(1)

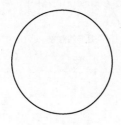

绘制任意尺寸的圆

(2)

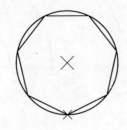

捕捉圆心与象限点，绘制正7边形

(3)

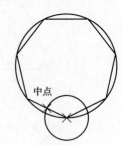

绘制小圆

(4)

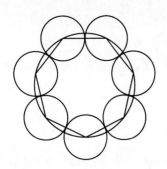

(5)

相切、相切、相切绘制位于中心的小圆

(6)

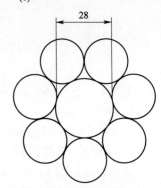

删除辅助图形，此是定位尺寸为28

(7)

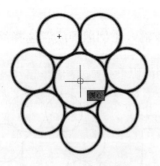

执行缩放命令，选择对象为所有圆形，基点为中间小圆的圆心

(8)

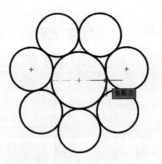

选择参照(R)选项，设置参照长度为中间小圆的直径。

(9)

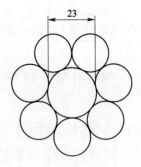

指定新的长度为23

图 4-28

练习:应用缩放命令,绘制图 4-29、图 4-30。

(1)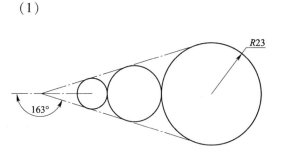

(2)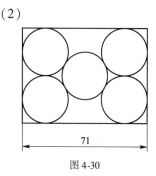

图 4-29　　　　　　　　　　　　　　图 4-30

4.8 拉　伸

通过沿拉伸路径平移图形夹点的位置,使图形产生拉伸变形的效果。它可以使选择的对象按规定方向和角度拉伸或压缩,从而使对象的形状发生改变。

在命令执行过程中,需确定拉伸对象、拉伸基点、拉伸的位移。

执行拉伸命令的方法如下:

(1)菜单栏:选择【修改】|【拉伸】命令。

(2)命令行:输入 STRETCH(S)。

(3)工具栏:单击【修改】工具中栏的【拉伸】按钮。

(4)功能区:在默认选项卡中,单击【修改】面板中【缩放】按钮 拉伸。

命令行提示如下:

　　STRETCH 选择对象:　　//拉伸选择对象时需要特别注意,

　　STRETCH 指定基点或 [位移(D)] <位移>:　　//指定拉伸的基点或位移。

注意:

①通过单击选择和窗口选择获得的拉伸对象将只被平移,不被拉伸。

②通过窗口选择获得的拉伸对象,如果所有夹点都落入选择框内,图形将发生平移;如果只有部分夹点落入选择框,图形将沿拉伸位移拉伸;如果没有夹点落入选择框内,图形保持不变。

③拉伸时,图形的选定部分被移动,但同时仍保持与原图形中不动部分相连。

命令执行过程如图 4-31 所示。

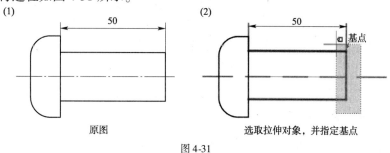

图 4-31

(3)

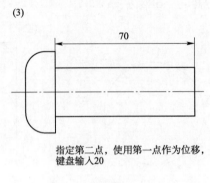

指定第二点，使用第一点作为位移，
键盘输入20

图 4-31

4.9 倒　　角

在两条相交直线之间生成倾斜过渡。
执行倒角命令的方法如下。
(1)菜单栏:选择【修改】|【倒角】命令。
(2)命令行:输入 CHAMFER(CHA)。
(3)工具栏:单击【修改】工具中栏的【倒角】按钮 。
(4)功能区:在默认选项卡中,单击【修改】面板中【圆角】按钮下拉菜单中的倒角按钮。

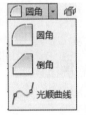

命令行提示如下。

```
CHAMFER 选择第一条直线或 [放弃(U) 多段线(P) 距离(D) 角度(A)
修剪(T) 方式(E) 多个(M)]:
```

(1)距离(D):通过设置两个倒角边的倒角距离来进行倒角操作。
(2)角度(A):通过设置一个角度和一个距离来进行倒角操作。
(3)多段线(P):表示对整个二维多段线进行倒角操作。
(4)修剪(T):表示是否将选定的边修剪到倒角直线的端点。
(5)多个(M):表示连续为多组对象进行倒角。

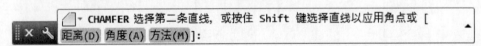

//命令执行如图 4-32 所示。

第4章 常用二维机械图形编辑工具

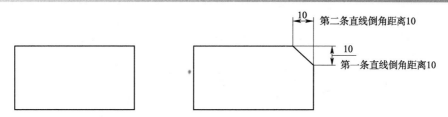

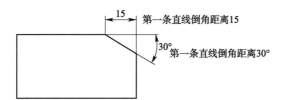

图 4-32

练习: 绘制图 4-33 ~ 图 4-36。

(1)　　　　　　　　　　(2)

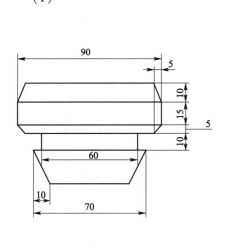

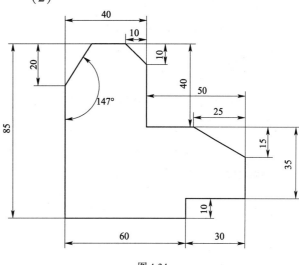

图 4-33　　　　　　　　　图 4-34

(3)

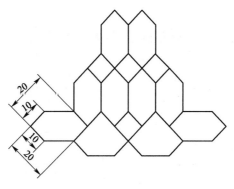

图 4-35

(4)

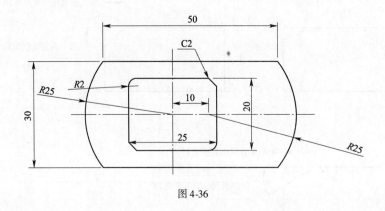

图 4-36

4.10 圆　　角

在相交线段之间生成圆弧过渡,圆弧与原线段保持相切关系。
执行圆角命令的方法如下。
(1)菜单栏:选择【修改】|【圆角】命令。
(2)命令行:输入 FILLET(F)。
(3)工具栏:单击【修改】工具中栏的【圆角】按钮 。
(4)功能区:在默认选项卡中,单击【修改】面板中【圆角】按钮 圆角 。
命令行提示如下:

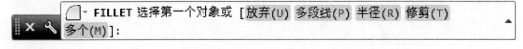

圆角命令的使用也可以分为两步。
第一步:确定圆角大小,通常设置半径。
第二步:选择两条需要设置圆角的边。
注意:
AutoCAD2016 可以对两条平行线倒圆角,圆角半径为两条平行线距离的一半,如图 4-37 所示。

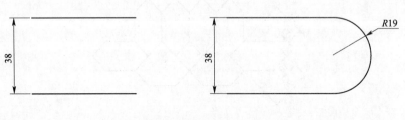

图 4-37

练习：绘制图 4-38 ~ 图 4-41。

（1）

图 4-38

（2）

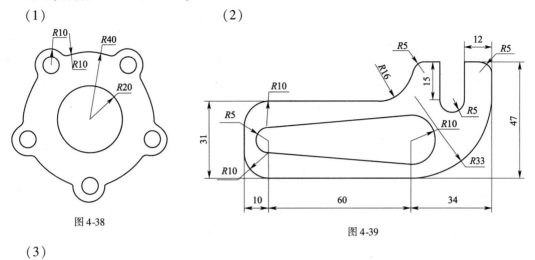

图 4-39

（3）

图 4-40

（4）

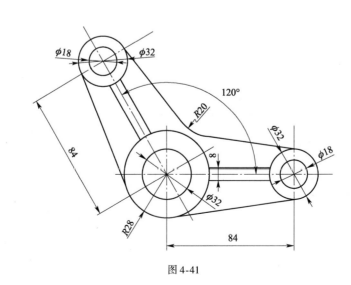

图 4-41

4.11 镜 像

特殊的复制命令,通过镜像生成的图形对象与源对象相对于对称轴对称。在命令执行过程中,需要确定镜像的对象和对称轴。对称轴可以是任意方向的,所选择的对象将根据该轴线进行对称复制,并且可以选择删除或保留源对象。

执行镜像命令的方法如下。
(1)菜单栏:选择【修改】|【镜像】命令。
(2)命令行:输入 MIRROR(MI)。
(3)工具栏:单击【修改】工具中栏的【镜像】按钮。
(4)功能区:在默认选项卡中,单击【修改】面板中【镜像】按钮 镜像。

命令行提示如下:

MIRROR 选择对象:　　　　　//选择镜像对象。
MIRROR 选择对象:指定镜像线的第一点:　　　　//确定对称轴,选择对称轴上的一点。
MIRROR 指定镜像线的第二点:　　　　//选择对称轴上的第二点。
MIRROR 要删除源对象吗?[是(Y) 否(N)] <否>:　　　　//根据需要选择是否保留源对象,如图4-42所示。

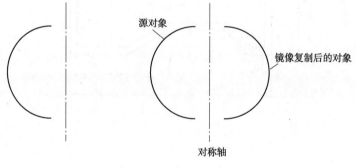

图 4-42

练习:绘制图 4-43～图 4-47。

(1)　　　　　　　　　　　　　　(2)

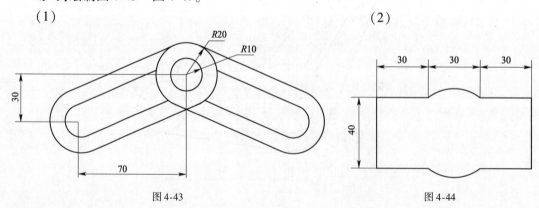

图 4-43　　　　　　　　　　　　图 4-44

(3)　　　　　　　　　　　　　(4)

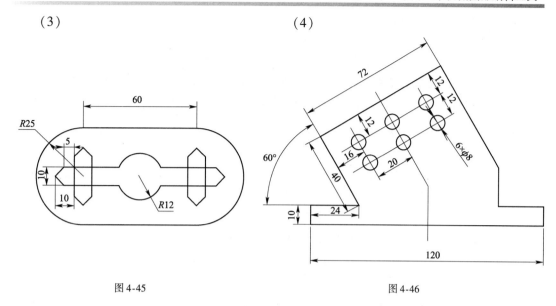

图 4-45　　　　　　　　　　　图 4-46

(5)

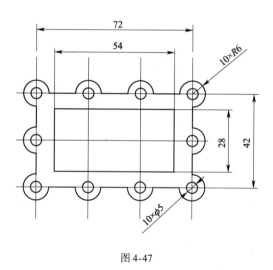

图 4-47

4.12　阵　　列

　　复制、镜像和偏移命令,一次只能复制得到一个对象副本。如果想要按照一定规律大量复制图形,可以使用矩阵命令。
　　AutoCAD 提供了 3 种阵列方式:矩形阵列、路径阵列和环形阵列。
　　1. 矩形阵列
　　矩形阵列是将复制后的图形对象呈矩形进行排列。
　　执行矩形阵列命令的方法如下。

(1)菜单栏:选择【修改】|【阵列】命令。

(2)命令行:输入 ARRAYRECT(AR)。

(3)工具栏:单击【修改】工具中栏的【矩形阵列】按钮 。

(4)功能区:在默认选项卡中,单击【修改】面板中【阵列】按钮下拉菜单下的【矩形整列】按钮。

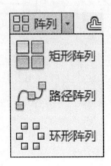

命令行提示如下:

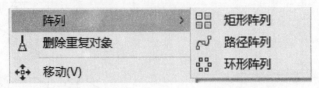

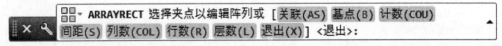

(1)关联:指定阵列完成对象是一个整体对象还是多个独立的对象,即彼此之间是否存在关联。

(2)基点:定义阵列基点位置,阵列中的项目相对于基点放置。

(3)计数:分别指定行数和列数。

(4)间距:分别指定行间距和列间距。

(5)列数:指定列数和列间距。

(6)行数:指定行数和行间距。

(7)层数:指定三维阵列 Z 轴方向上的层数和层间距。

命令执行过程如图 4-48 所示。

注意:

在执行矩形阵列的过程中,如果复制方向是反方向时,只需要在行间距和列间距前加"-"(负号)即可。

练习: 绘制图 4-49 所示图形。

2. 路径阵列

路径阵列可以沿曲线路径阵列复制图形,通过设置不同的基点,能够得到不同的效果。

第4章 常用二维机械图形编辑工具

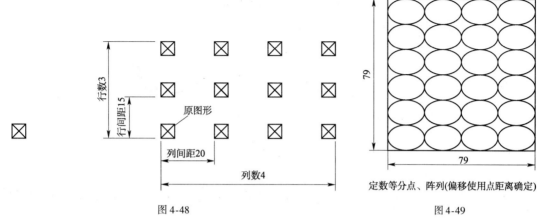

图 4-48   图 4-49

执行路径阵列命令的方法如下。

(1)菜单栏:选择【修改】|【阵列】命令。

(2)命令行:输入 ARRAYPATCH(AR)。

(3)工具栏:单击【修改】工具中栏的【路径阵列】按钮 。

(4)功能区:在默认选项卡中,单击【修改】面板中【阵列】按钮下拉菜单下的【路径阵列】按钮。

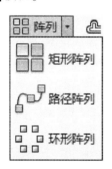

命令行提示如下:

ARRAYPATH 选择对象:　　　/选择阵列对象;

ARRAYPATH 选择路径曲线:　　//选择路径曲线;

ARRAYPATH 选择夹点以编辑阵列或 [关联(AS) 方法(M) 基点(B) 切向(T) 项目(I) 行(R) 层(L) 对齐项目(A) z 方向(Z) 退出(X)] <退出>:

//选择阵列参数选项,关联、方法、基点、项目、行、层、方向、退出 选项与【矩形阵列】命令相同,在这里不重复说明,只介绍切向和对齐项目选项。

· 79 ·

①切向:指定阵列中的项目如何相对于路径的起始方向对齐。
②对齐项目:指定每个项目是否与路径的方向相切。
命令执行过程如图4-50所示。

图4-50

3. 环形阵列

环形阵列即圆周阵列,以某一点为中心进行环形复制,阵列的结果是对象沿中心点均匀排列成环形。

执行环形阵列命令的方法如下。

(1)菜单栏:选择【修改】|【阵列】命令。

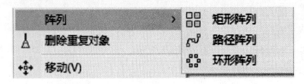

(2)命令行:输入 ARRAYPOLAR(AR)。

(3)工具栏:单击【修改】工具中栏的【路径阵列】按钮 。

(4)功能区:在默认选项卡中,单击【修改】面板中【阵列】按钮下拉菜单下的【环形阵列】按钮。

命令行提示如下:

 ARRAYPOLAR 选择对象: //选择阵列对象;
 ARRAYPOLAR 指定阵列的中心点或 [基点(B) 旋转轴(A)]:   //指定阵列的中心点后选项如下。

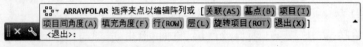

命令执行过程如图4-51所示。

第4章 常用二维机械图形编辑工具

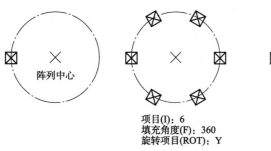
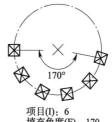

图 4-51

练习: 1.绘制图 4-52～图 4-56。

(1)

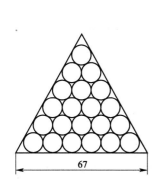

图 4-52

(2)

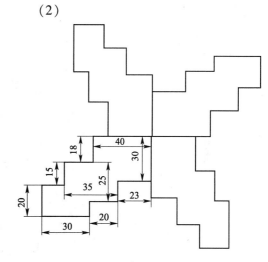

图 4-53

(3)

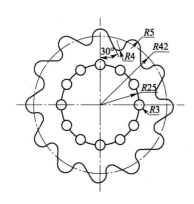

图 4-54

(4)

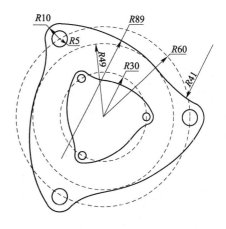

图 4-55

(5)

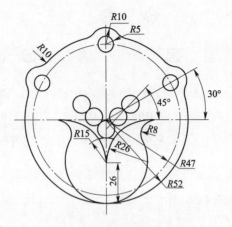

图 4-56

2. 应用所学命令,绘制钟表的表盘,如图 4-57 所示。

要求:表盘含有分针、时针;清晰显示分钟、小时刻度,并有所区别。

图 4-57

4.13 打　　断

打断是将线条从某一点的位置分段,打断后各段成为独立的对象。根据打断点数量的不同,【打断】命令可以分为【打断】与【打断与点】。

1. 打断

打断命令可以在对象上创建两个打断点,两点之间的部分被剪除,从而将线条断开。系统默认会以选择对象时的拾取点作为第一个断点,然后再在对象上选取第二个断点,完成打断。

执行打断命令的方法如下。

(1)菜单栏:选择【修改】|【打断】命令。

(2)命令行:输入 BREAK(BR)。

(3)工具栏:单击【修改】工具中栏的【打断】按钮。

(4)功能区:在默认选项卡中,单击【修改】面板中【打断】按钮。

命令行提示如下:

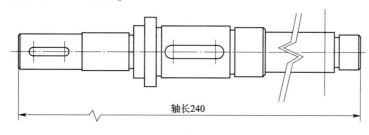

　　　　　　　　　BREAK 选择对象:　　　//选择需要打断的对象,命令默认选择对象时鼠标单击点为第一打断点;

　　　　　　　　　BREAK 指定第二个打断点 或 [第一点(F)]:　　　//指定第二个打断点或输入 F,设置第一打断点。

命令执行结果如图 4-58 所示。

图 4-58

注意:

(1)如果第二断点选择在对象之外,系统则以该点到被打断对象的垂直位置作为第二断点。

(2)在命令行输入字母 F 后,才能重新选择第一打断点。

2. 打断与点

【打断与点】是【打断】命令的一种特殊情况。可以在对象上创建一个打断点,从而将线条断开,在打断点处一分为二。打断对象包括直线、开放的多段线和圆弧,不能在一点打断闭合对象,即不能对圆执行【打断与点】的操作。

执行打断与点命令的方法如下。

(1)命令行:输入 BREAK (AR)。

(2)工具栏:单击【修改】工具中栏的【打断与点】按钮。

(3)功能区:在默认选项卡中,单击【修改】面板中【打断与点】按钮。

命令行提示如下:

命令执行结果如图 4-59 所示。

图 4-59

4.14 合　　并

合并,是将几个相似的对象合并为一个完整的对象,或者将一个开放的对象闭合。合并命令与分解命令的功能相反。

执行合并命令的方法如下。

(1)菜单栏:选择【修改】|【合并】命令。

(2)命令行:输入 JOIN (J)。

(3)工具栏:单击【修改】工具中栏的【合并】按钮 。

(4)功能区:在默认选项卡中,单击【修改】面板中【合并】按钮 。

命令行提示如下:

　　JOIN 选择源对象或要一次合并的多个对象:

命令执行结果如图 4-60 所示。

对于合并命令,其命令行的提示会因为选择合并的对象不同而显示不同的提示,执行结果如图 4-61 所示。

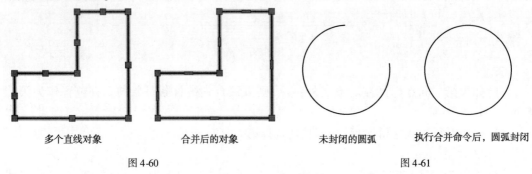

多个直线对象　　　　　合并后的对象　　　　　未封闭的圆弧　　　执行合并命令后,圆弧封闭

图 4-60　　　　　　　　　　　　　　　　　　　图 4-61

4.15　分　　解

分解,是将合成复合对象分解为多个单一的对象,分解命令与合并命令的功能相反。可以分解的对象包括块、多段线、面域等。

执行分解命令的方法如下。

(1)菜单栏:选择【修改】|【分解】命令。

(2)命令行:输入 EXPLDE。

(3)工具栏:单击【修改】工具中栏的【分解】按钮 。

(4)功能区:在默认选项卡中,单击【修改】面板中【分解】按钮 。

命令行提示如下:

　　EXPLODE 选择对象:

需要注意对于不同的合成对象,其分解结果有所不同。

4.16　拉　　长

拉长,修改对象的长度和圆弧的包含角。

执行拉长命令的方法如下。
(1)菜单栏:选择【修改】|【拉长】命令。
(2)命令行:输入 LENGTHEN。
(3)功能区:在默认选项卡中,单击【修改】面板中【拉长】按钮。
命令行提示如下(以完成图4-62拉长直线AB至C点为例):

> LENGTHEN 选择要测量的对象或 [增量(DE) 百分比(P) 总计(T) 动态(DY)] <增量(DE)>: DE

//最常用的拉长方式是增量(DE);

> LENGTHEN 输入长度增量或 [角度(A)] <16.4706>:

//长度增量为BC间的距离;

> LENGTHEN 选择要修改的对象或 [放弃(U)]:

//要修改的对象为直线AB。

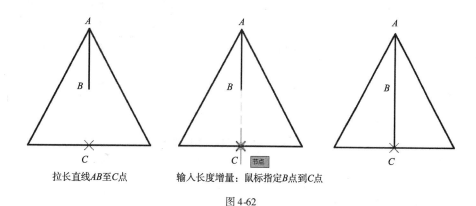

拉长直线AB至C点　　输入长度增量:鼠标指定B点到C点

图 4-62

4.17　对　　齐

在二维空间和三维空间中,将对象与其他对象对齐。
执行对齐命令的方法如下。
(1)菜单栏:选择【修改】|【三维操作】|【对齐】命令。
(2)命令行:输入 ALIGN。
(3)功能区:在默认选项卡中,单击【修改】面板中【对齐】按钮。
命令行提示如下(以完成图4-63所示的对齐为例):

> ALIGN 选择对象:

//选择圆弧;

> ALIGN 指定第一个源点:

//指定第一个源点:a;

> ALIGN 指定第一个目标点: <正交 关>

//指定第一个目标点:A;

ALIGN 指定第二个源点:

//指定第二个源点:b;

ALIGN 指定第二个目标点:

//指定第二个目标点:B;

ALIGN 指定第三个源点或 <继续>:

//输入回车,继续;

ALIGN 是否基于对齐点缩放对象？[是(Y) 否(N)] <否>: Y

//输入 Y,基于对齐点缩放对象,完成见图 4-63。

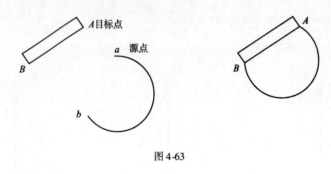

图 4-63

4.18 光 顺 曲 线

在两条曲线的端点之间创建相切或平滑的样条曲线。
执行光顺曲线命令的方法如下。
(1)菜单栏:选择【修改】|【光顺曲线】命令。
(2)命令行:输入 BLEND(BLE)。
(3)工具栏:单击【修改】工具中栏的【光顺曲线】按钮 。
(4)功能区:在默认选项卡中,单击【修改】面板中【圆角】按钮下拉菜单中的【光顺曲线】按钮。

命令行提示如下(以完成图 4-64 所示为例):

BLEND 选择第一个对象或 [连续性(CON)]: CON

//输入 CON,设置连续性;

BLEND 输入连续性 [相切(T) 平滑(S)] <平滑>:

//连续性为平滑:表示创建一条 5 阶样条曲线,在端点处具有曲率连续性;

```
BLEND 选择第一个对象或 [连续性(CON)]:
```

//选项 *A* 点所在的直线,按 Enter 键确认;

```
BLEND 选择第二个点:
```

//选择 *B* 点,完成如图 4-64 所示。

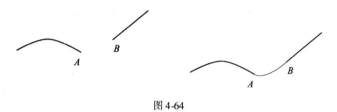

图 4-64

课 后 练 习

绘制图 4-65 ~ 图 4-72。

(1)

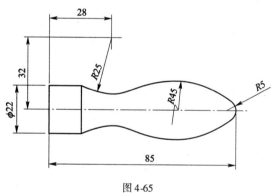

图 4-65

(2)

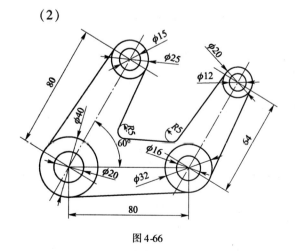

图 4-66

(3)

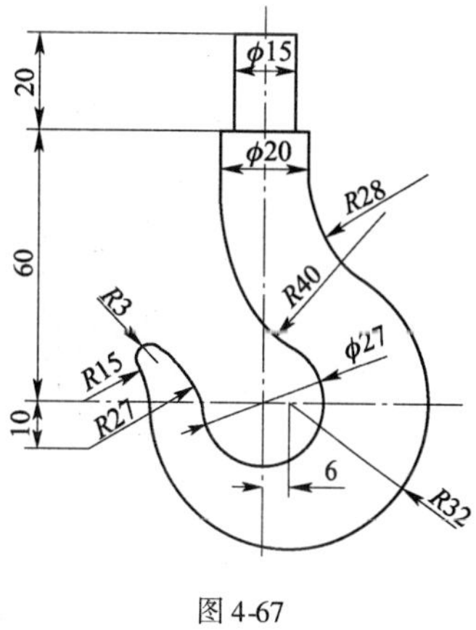

图 4-67

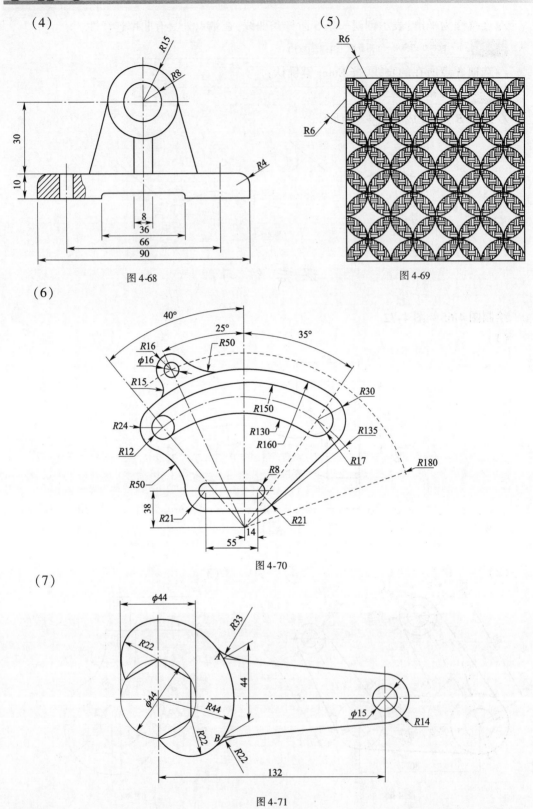

（4） 图 4-68

（5） 图 4-69

（6） 图 4-70

（7） 图 4-71

(8)

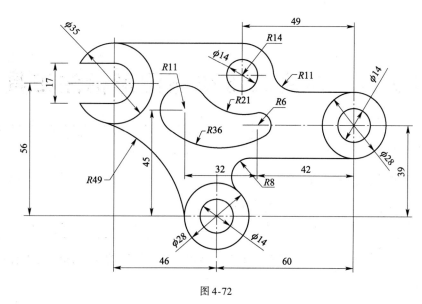

图 4-72

第 5 章 常用二维机械图形标注工具

 教学目标

1. 了解尺寸标注的组成与规则。
2. 掌握创建与设置标注的样式的方法。
3. 能够准确、快速标注图形的尺寸、公差。

在机械设计中,图形用于表达机械零件的结构形状,而精确的尺寸标注是工程技术人员照图施工和交流的关键。

AutoCAD 的标注命令可以分为三大类:

(1)尺寸标注,包括线性、对齐、弧度、半径、直径、角度、基线等。

(2)公差标注,包括尺寸公差、形位公差等。

(3)引线标注,包括引线、多重引线等。

5.1 尺寸标注的组成和规则

1. 尺寸标注的组成

一个完整的尺寸标注包括:尺寸数字(标注文字)、尺寸线、尺寸界线(延伸线)、表示尺寸线终端的箭头或斜线组成,如图 5-1 所示。

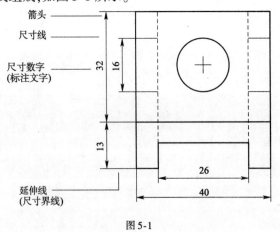

图 5-1

2. 尺寸标注的规则

(1)物体的真实大小应以图样上所标注的尺寸数值为依据,与图形的大小及绘图的准确度无关。

(2)图样中的尺寸以"毫米"为单位时,不需要标注计量单位的代号或名称。如采用其他单位,则必须注明相应计量单位的代号或名称,如度、厘米及米等。

(3)图样中所标注的尺寸为该图样所表示的物体的最后完工尺寸,否则应另加说明。

(4)一般物体的每一尺寸只标注一次,并应标注在最后反映该结构最清晰的图形上。

3.创建尺寸标注的基本步骤

(1)选择【格式】|【图层】命令,在打开的"图层特性管理器"对话框中创建一个独立的图层,用于尺寸标注。

(2)选择【格式】|【文字样式】命令,在打开的"文字样式"对话框中创建一种文字样式,用于尺寸标注。

(3)选择【格式】|【标注样式】命令,在打开的"标注样式管理器"对话框设置标注样式。

(4)使用对象捕捉和标注等功能,对图形中的元素进行标注。

5.2 创建与设置尺寸标注样式

在进行尺寸标注前,先要创建尺寸标注的样式。标注样式的创建和编辑通常通过【标注样式管理器】对话框完成。打开对话框的方法有如下几种。

(1)菜单栏:选择【格式】|【标注样式】或【标注】|【标注样式】命令。

(2)命令行:输入 DIMSTYLE/D。

(3)工具栏:单击【标注】工具中栏的【标注样式】按钮 。

(4)功能区:在默认选项卡中,单击【注释】面板中标注样式 旁的下拉按钮,选择【管理标注样式】命令。

执行上述任一命令后,弹出【标注样式管理器】对话框,如图 5-2 所示。

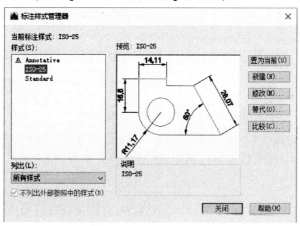

图 5-2

1.新建标注样式

(1)单击【新建】按钮,弹出如图 5-3 所示的【创建新标注样式】对话框。

(2)【新样式名】文本框:输入新样式的名称。

(3)【基础样式】下拉列表框:选择新创建的标注样式的基础样式模板,即新标注样式将继承样式的参数设置。

图 5-3

(4) 设置完成后,单击【继续】按钮,弹出如图 5-4 所示的【新建标注样式】对话框。

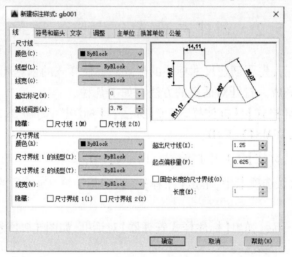

图 5-4

(5) 单击【标注样式管理器】中的【修改】按钮,弹出【修改标注样式】对话框,参数设置与上图相同。

2. 设置尺寸标注样式

(1)【线】选项卡:用于设置尺寸线和尺寸界限的特性等。

(2)【符号和箭头】选项卡:用于设置箭头、中心标记、弧长符号以及折断、折弯标注的特性。

(3)【文字】选项卡:用于设置标注文字的外观、位置和对齐等特性。其中文字对齐选项组的含义如下:

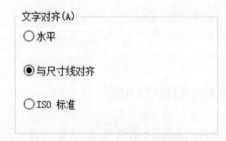

√水平:标注文字始终沿水平线放置。

√与尺寸线对齐:标注文字沿尺寸线方向放置。

√ISO 标准:当标注文字在尺寸界线之间是,沿尺寸线方向放置;当标注文字在尺寸界限之外时,则水平放置标注文字。

(4)【调整】选项卡:用于控制标注文字、箭头、引线和尺寸线的位置。

对于初学者来说,不需要对该管理器所有选项卡都研究清楚,只要能掌握满足日常绘图所需的选项使用即可,主要学会修改【调整】选项卡中的【使用全局比例】,如图5-5所示,调整该数值,即可实现标注样式成比例的变化,如图5-6、图5-7所示的对比效果。

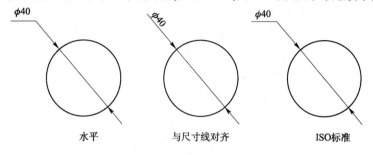

水平　　　　　　与尺寸线对齐　　　　　　ISO标准

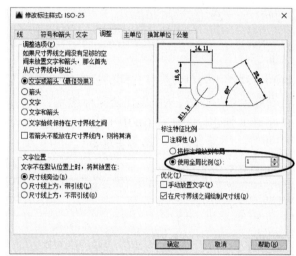

图 5-5
使用全局比例为1

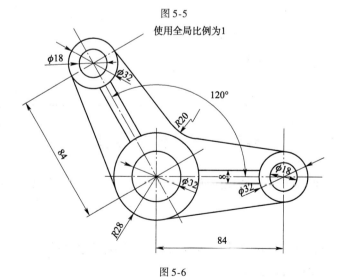

图 5-6

(5)【主单位】选项卡:设置标注的单位格式,分为线性标注和角度标注两种情况,分别表示长度和角度。

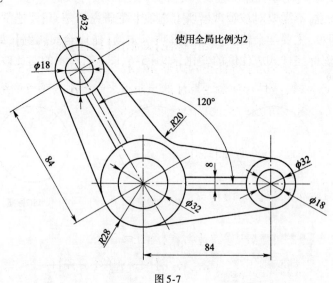

图 5-7

(6)【换算单位】选项卡:设置不同单位尺寸之间的换算格式和精度。

(7)【公差】选项卡:设置公差的参数,从而创建公差标注。

练习:在 ISO–25 的基础上创建标注样式 GB01,标注样式 GB01 设置要求见表 5-1。

标注样式 GB01 设置要求　　　　　　　　表 5-1

项　目	要　求	项　目	要　求
基线间距	7	超出尺寸线	2
起点偏移量	0	箭头	实心闭合
箭头大小	3	文字样式	Standard
文字高度	3.5	文字垂直位置	上方
文字水平位置	居中	从尺寸线偏移	1
文字对齐	ISO 标准	调整选项	文字
文字位置	尺寸线上方,带引线	全局比例	1
优化	均选	单位格式	小数
精度	0.00	小数分隔符	句点
比例因子	1	消零	后续

5.3　尺寸标注方法

AutoCAD 提供的标注方式,分别用于标注线性尺寸、角度、形位公差和圆心,本节将介绍其中常用的标注命令。

1. 线性标注

线性标注是图形标注中使用最为广泛的标注之一,能够标注水平尺寸、垂直尺寸、旋转尺寸。

执行线性标注命令的方法如下:

(1)菜单栏:选择【标注】|【线性】命令。

(2)命令行:输入 DIMELINEAR。

(3)工具栏:单击【标注】工具中栏的【线性】标注按钮。

(4)功能区:在【注释】选项卡中,单击【标注】面板中【线性】标注按钮。

练习:使用线性标注命令分别标注正六边形 AC、AB 边的长度,如图 5-8 所示。

从标注结果可以发现,线性标注命令标注的是两点之间水平或垂直的距离,而倾斜有角度的直线长度,无法标注。AB 边的长度可以通过下面的对齐标注命令完成。

2. 对齐标注

可以创建与指定位置或对象平行的标注。

执行对齐标注命令的方法如下。

(1)菜单栏:选择【标注】|【对齐】命令。

(2)命令行:输入 DIMALIGNED。

(3)工具栏:单击【标注】工具中栏的【对齐】标注按钮。

(4)功能区:在【注释】选项卡中,单击【标注】面板中的【对齐】标注按钮。

练习:

(1)使用线性标注命令、对齐标注分别标注正六边形 AC、AB 边的长度,如图 5-9 所示。

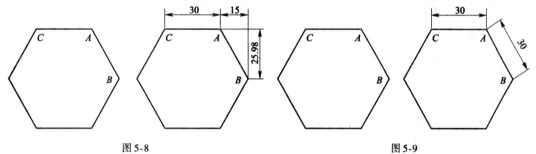

图 5-8　　　　　　　　　　　　图 5-9

(2)绘制图形,应用上一节创建的标注样式 GB01 完成标注,如图 5-10 所示。

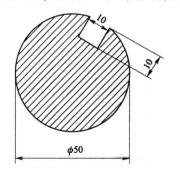 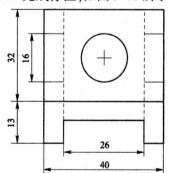

图 5-10

3. 弧长标注

执行弧长标注命令的方法如下。

(1)菜单栏:选择【标注】|【弧长】命令。

(2)命令行:输入 DIMARC。

(3)工具栏:单击【标注】工具中栏的【弧长】标注按钮 。

(4)功能区:在【注释】选项卡中,单击【标注】面板中的【弧长】标注按钮 。

弧长标注可以在【符号和箭头】选项卡中对【弧长符号】进行设置,如图 5-11 所示。

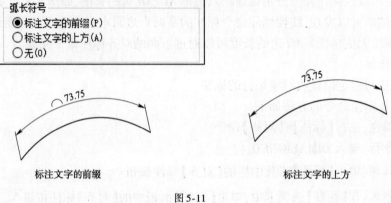

图 5-11

4. 半径标注

半径标注可以快速标注圆或圆弧半径的大小,根据国家规定,标注半径应在尺寸数字前加注前缀符号"R"。

执行半径标注命令的方法如下。

(1)菜单栏:选择【标注】|【半径】命令。

(2)命令行:输入 DIMRADIUS。

(3)工具栏:单击【标注】工具中栏的【半径】标注按钮 。

(4)功能区:在【注释】选项卡中,单击【标注】面板中的【半径】标注按钮 。

5. 直径标注

半径标注可以快速标注圆或圆弧直径的大小,根据国家规定,标注直径应在尺寸数字前加注前缀符号"φ"。

执行半径标注命令的方法如下。

(1)菜单栏:选择【标注】|【直径】命令。

(2)命令行:输入 DIMDIAMETER。

(3)工具栏:单击【标注】工具中栏的【直径】标注按钮 。

(4)功能区:在【注释】选项卡中,单击【标注】面板中的【直径】标注按钮 。

6. 折弯标注

在标注较大直径的圆或圆弧半径尺寸时,由于圆弧或圆的中心位于布局之外并且无法显示其实际位置时,可以创建折弯半径标注。

执行折弯标注命令的方法如下。

(1)菜单栏:选择【标注】|【折弯】命令。

(2)命令行:输入 DIMJOGGED。

(3)工具栏:单击【标注】工具中栏的【折弯】标注按钮 。

(4)功能区:在默认选项卡中,单击【注释】面板中【折弯】标注按钮。
命令执行结果如图 5-12 所示。

图 5-12

7. 角度标注

角度标注通常用于标注圆弧对应的中心角、相交直线形成的夹角、三点形成的夹角。
执行角度标注命令的方法如下。

(1)菜单栏:选择【标注】|【角度】命令。

(2)命令行:输入 DIMANGULAR。

(3)工具栏:单击【标注】工具中栏的【角度】标注按钮。

(4)功能区:在【注释】选项卡中,单击【标注】面板中的【角度】标注按钮。

角度标注如下图 5-13 所示。

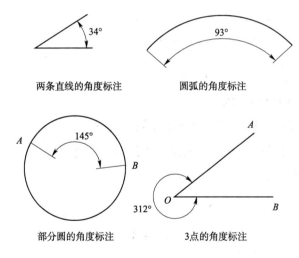

图 5-13

8. 基线标注

基线标注用于产生一系列基于同一尺寸延伸线的尺寸标注,适用于阶梯的线性、对齐标注、连续的角度标注等。在创建基线标注前,必须创建线性、对齐或角度标注。

执行基线标注命令的方法如下。

(1)菜单栏:选择【标注】|【基线】命令。

(2)命令行:输入 DIMBASELINE。

(3)工具栏:单击【标注】工具中栏的【基线】标注按钮。

(4)功能区:在【注释】选项卡中,单击【标注】面板中的【基线】标注按钮。

基线标注,可以在标注样式【线】选项卡中设置不同的基线间距,其对比效果如图 5-14 所示。

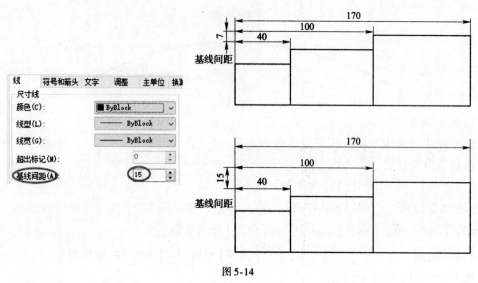

图 5-14

9. 连续标注

连续标注是首尾相连的多个标注,前一尺寸的第二尺寸界线就是后一尺寸的第一尺寸界线。与基线标注一样,在创建连续尺寸标注之前,必须创建线性、对齐或角度标注。

执行连续标注命令的方法如下。

(1)菜单栏:选择【标注】|【连续】命令。

(2)命令行:输入 DIMCONTINUE。

(3)工具栏:单击【标注】工具中栏的【连续】标注按钮 。

(4)功能区:在【注释】选项卡中,单击【标注】面板中的【连续】标注按钮 。

连续标注如图 5-15 所示。

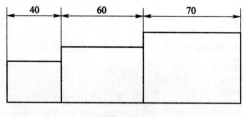

图 5-15

10. 多重引线标注

多重引线标注可以为图形添加折线并引出注释说明等。

执行多重引线标注命令的方法如下。

(1)菜单栏:选择【标注】|【多重引线】命令。

(2)工具栏:单击【多重引线】工具中栏的【多重引线】标注按钮 。

(3)功能区:在【注释】选项卡中,单击【引线】面板中的【多重引线】标注按钮 。

设置多重引线标注的样式如下。
(1)菜单栏:选择【格式】|【多重引线】命令。
(2)工具栏:单击【多重引线】工具中栏的【多重引线样式】按钮 。

(3)命令行:输入 MLEADERSTYLE。
执行命令后,弹出多重引线样式管理器,如图 5-16 所示。

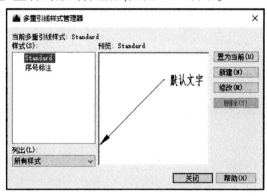

图 5-16

单击【新建】或【修改】按钮后,弹出修改多重引线样式对话框,如图 5-17 所示。

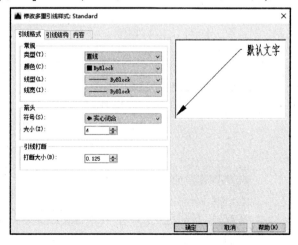

图 5-17

多重引线样式的设置与标注样式的设置类似，此处可自行练习。

多重引线标注的效果如图 5-18 所示。

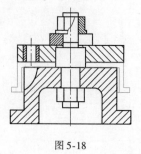

图 5-18

5.4 公差标注方法

1. 尺寸公差标注

在 AutoCAD 中，可以为线性、对齐、半径、弧长等任意类型的尺寸添加公差，尺寸公差标注可以通过两种方法实现。

方法一：通过【标注样式管理器】对话框中的【公差】选项卡设置公差类型和数值，如图 5-19 所示。

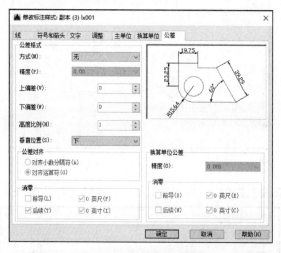

图 5-19

公差类型在【方式】下拉列表框中设置，如图 5-20 所示。

设置极限偏差，上下偏差均为 0.01，结果如图 5-21 所示。

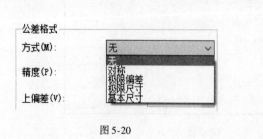

图 5-20   图 5-21

第5章 常用二维机械图形标注工具

按照方法一,只能为同一标注样式的所有标注设置统一的公差类型、公差值,若标注的公差类型、公差值不同,只能新建标注样式。可见方法一缺乏灵活性,为了方便快捷的设置公差,可采用方法二。

方法二:双击尺寸标注,进入文字编辑器,按键盘上的方向键,将光标移动到尺寸值之后,按表 5-2 中方法输入。

表 5-2

对称公差	30 ± 0.0005	30%%P0.005"±"符号,也可以通过【插入】面板中【符号】按钮选择插入,见图 5-22
极限偏差	30 $^{+0.0005}_{-0.0005}$	30 +0.005^−0.005(两偏差之间的间隔符使用英文状态下的 shift+6 组合键输入),然后选中两个偏差,单击【格式】面板中【堆叠】按钮,见图 5-23
极限尺寸	30.0005 29.9995	30.0005~29.9995,然后全部选中,单击【格式】面板中【堆叠】按钮

图 5-22

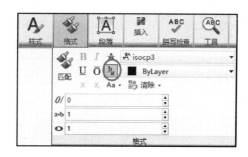

图 5-23

2. 形位公差标注

形位公差用于表示形状、轮廓、方向、位置和跳动的允许偏差。

执行形位公差标注命令的方法如下。

(1)菜单栏:选择【标注】|【公差】命令。

(2)命令行:输入 TOLERANCE。

(3)工具栏:单击【标注】工具中栏的【公差】标注按钮 ⊞。

(4)功能区:在【注释】选项卡中,单击【标注】面板中的【公差】标注按钮 ⊞。

执行命令后,弹出如图 5-24 所示的【形位公差】对话框。

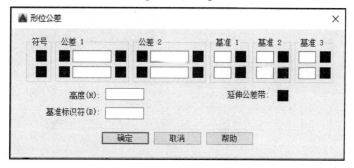

图 5-24

单击【符号】选项组中的黑色按钮 ▇，选择公差类型，如图 5-25 所示。在【公差 1】和【公差 2】文本框中输入公差数值，在【基准 1】、【基准 2】、【基准 3】文本框中输入基准参考值。

常见的形位公差由引线、几何特征符号、直径符号、形位公差值、材料状况和基准代号等组成，如图 5-26 所示为一个相对完整的形位公差效果。

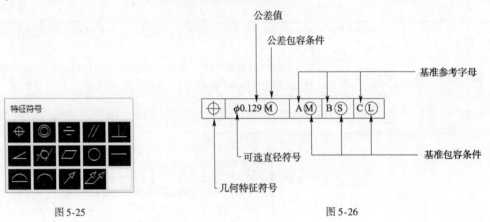

图 5-25　　　　　　　　　　图 5-26

使用【公差】命令创建的形位公差没有尺寸引线，所以为了明确表示公差的位置，最后还需要添加多重引线指明位置，如图 5-27 所示。

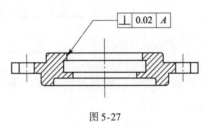

图 5-27

课后练习

绘制图 5-28～图 5-33，并按标注要求进行标注。

（1）

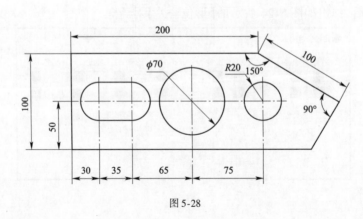

图 5-28

(2)

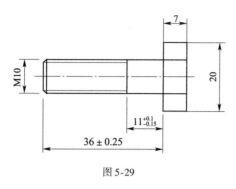

图 5-29

(3)

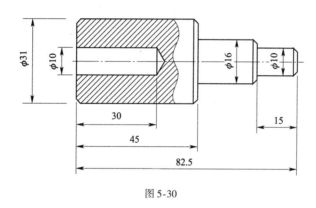

图 5-30

(4)

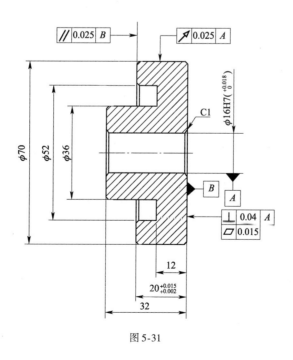

图 5-31

(5)

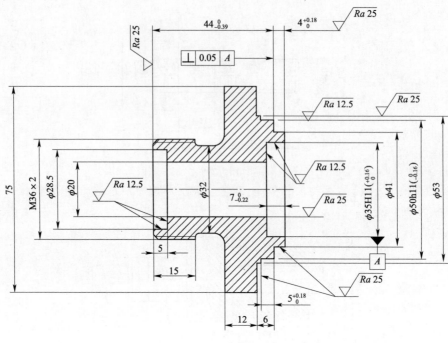

图 5-32

(6)

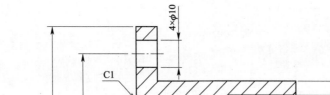

图 5-33

第6章 汽车零件图绘制

在工程实践中,任何机器或设备的制造都必须先从零件的制造开始。零件图是指用来表达零件形状、结构、大小和技术要求的图样,它是设计部门提交给生产部门的重要技术文件,是制造和检验零件的依据。本章将通过一些零件图绘制实例,结合前面学习过的平面图形的绘制、修改命令、尺寸标注命令、文本及表格命令,详细介绍汽车零件图的绘制方法、步骤及零件图中尺寸标注、技术要求的标注,使学生灵活运用所学过的命令,方便快捷地绘制出图形,提高绘图效率。

教学目标

1. 熟练应用所学工具,按要求绘制出零件图。
2. 掌握零件图的分类和基本绘制方法。

6.1 零件图的类型

依据零件的用途及结构形状,一般可将其分为4类,即轴套类零件、轮盘类零件、叉架类零件和箱体类零件。每一类零件应根据其结构特点来确定它的表达方法。

1. 轴套类零件

1)用途

轴一般用来支承传动零件(如齿轮、带轮等)和传递动力。套一般装在轴上或机体孔中,起着轴向定位、支承、导向、保护传动零件或连接等作用。

2)绘制要点

轴套类零件主要在车床上进行加工,所以主视图按形状和加工位置选择。画图时,将零件的轴线水平放置,便于加工时读图看尺寸,大端在左面、小端在右面,键槽和孔结构一般朝前,也可以朝上。根据轴套类零件的结构特点,配合尺寸标注,一般只用一个基本视图表示。对于零件上的一些细小结构,如键槽、孔等,通常采用移出断面、局部剖视图方法表示。砂轮越程槽、退刀槽、中心孔等可用局部放大图表示。

执行直线命令绘制中心线,确定视图的位置。然后根据给定的尺寸,从左端开始绘制,执行偏移和修剪命令,最后整理并标注尺寸。也可以执行直线命令绘制轴类零件轴线一侧的图形,再执行镜像和合并命令完成另一半的绘制,最后绘制键槽和孔等结构,从而完成轴类零件的绘制。

3)尺寸标注

轴类零件的径向(宽度和高度方向)主要基准是回转轴线,轴向(即长度方向)一般以其定位作用的轴肩为主要基准,两端面作为辅助基准。

有设计要求的重要尺寸必须直接标注出来。对于不同工种的尺寸要分开标注。零件上的标准结构(倒角、退刀槽、砂轮越程槽、键槽)较多时,应查表按该结构的标准尺寸标注。

2. 轮盘类零件

轮盘类零件包括齿轮、带轮、链轮、手轮、胶带轮、端盖等。轮一般用键或销与轴连接,用以传递动力和扭矩;盘类零件主要起支撑、轴向定位以及密封等作用。

1)绘制要点

轮盘类零件主要是在车床上加工,所以应该按形状特征和加工位置选择主视图,一般轴线水平放置,但有些较复杂的盘盖,因加工工序较多,主视图也可按工作位置画出。

轮盘类零件一般需要两个视图。主视图一般是轴向剖视图以表达其内部结构。左视图表达沿圆周均匀分布的螺孔、光孔、销孔、轮辐等结构。必要时,还可辅以局部视图、剖视图、断面图或局部放大图来表示。

画轮盘类零件时,画出一个视图以后,要利用"高平齐"原则画另一个视图,以减少尺寸输入。对于对称图形,先画出一半,再镜像生成另一半。

复杂的轮盘类零件图中的相切圆弧有3种画法:画圆修剪、圆角命令、作辅助线。

2)尺寸标注

轮盘类零件径向(宽度和高度方向)的主要基准也是回转轴线,所有的径向尺寸都以此为基准标注。长度方向的主要基准是经过加工的大端面。

定形尺寸和定位尺寸都比较明显,用形体分析法逐个标注,尤其是圆周上分布的小孔的定位圆直径是这类零件的典型定位尺寸。内、外结构形状仍应分开标注。

需要注意的是,齿轮也属于轮盘类零件,作为一种常用件,其画法有相关的国家标准规定,请参照执行。

3. 叉架类零件

1)用途

叉架类零件包括各种用途的拨叉和支架。拨叉主要用在机床、内燃机等各种机器的操纵机构上;支架主要起支撑和连接的作用。

2)绘制要点

叉架类零件一般都是铸件或锻件,毛坯形状较为复杂,需经不同的机械加工。所以在选主视图时,主要按形状特征和工作位置(或自然位置)确定。

叉架类零件的结构形状较为复杂,一般都需要两个以上的视图表达。由于它的某些结构形状不平行于基本投影面,因此常常用斜剖或斜视图、断面图来表达。对零件上的一些内部结构形状可采用局部剖视图。对某些较小的结构,也可采用局部放大图来表示。中间连接部分(肋板)的结构往往采用断面图来表达。

3)尺寸标注

常采用安装面、对称面、孔的轴线等作为主要基准。

定位尺寸较多,要注意能否保证定位的精度。一般要标注出孔与孔中心线(轴线)间的距离,或孔中心线(轴线)到平面的距离,或平面到平面的距离。

定位尺寸一般都采用形体分析法标注,便于木模的制作。

4. 箱体类零件

1)用途

箱体类零件主要起支撑、容纳其他零件以及定位和密封等作用,如各种箱体、壳体、泵体等。这类零件多为机器或部件的主体件,外部和内部结构都比较复杂,毛坯一般为铸造件。

2)绘制要点

箱体类零件多数经过较多工序制造而成,各工序的加工位置不尽相同,而且箱体类零件一般都较复杂,常需用 3 个以上的视图。主视图常按工作位置安放,选择最能显示零件形状特征的方向作为投射方向。其他视图应根据具体结构,适当采用剖视、断面、局部视图等多种表达方法,以清晰地表达零件的内外形状。

3)尺寸标注

箱体类零件长度、宽度、高度方向的主要基准采用孔的中心线、轴线、对称平面和较大的加工平面。

箱体类零件的定位尺寸较多,各孔中心线(或轴线)间的距离一定要直接标注出来。所有定形尺寸用形体分节法标注。

6.2　零件图的绘制方法及一般步骤

绘制零件图时确定绘制视图的多少是以能说明零件为准,不需要太多,因为有些零件仅需一个视图即可表示,如轴或螺栓,但是也不能少,因为有些零件需要五、六个视图才能表达清楚。此外,在某些情况下,为更清楚地表达物体,也会使用半剖视图或局部剖视图来表示,立体图在特殊情况下用于某些范围内的表达。

在使用 AutoCAD 2016 绘图时,除了要遵守机械制图国家标准外,应尽可能地发挥 AutoCAD 2016 软件的优势。以下是零件图绘制的一般步骤。

(1)在绘制零件图之前,应根据图纸幅面大小和版式的不同,选择适当的图形样板文件。可以在绘制前,分别建立符合机械制图国家标准的若干机械图样模板。模板中包括图纸幅面、图层、使用的文字样式和尺寸样式等,这样在绘制零件图时,就可以直接调用建立好的模板进行绘图,有利于提高工作效率。

(2)了解零件的特征,根据零件的特征来确定零件视图并选择适当的视图数量及其放置位置,选择适当的布局。很多时候,在没有实体模型的情况下绘制零件,这时需要大量的实际经验作为设计依据,而这些经验需要慢慢积累。当确定好零件的显示视图后,就要定出绘图基准,这是绘图的参照,常见的基准有中心线、端面线等。

(3)确定绘图基准后,就进入图形的绘制阶段。利用 AutoCAD 2016 提供的基本绘图、编辑工具或命令,如偏移、阵列、移动等工具或命令来确定出零件各个视图的轮廓。然后对各视图进行详细的绘制、修改,删除多余的线段,添加倒角、倒圆角、剖面线等,按照零件的构造由外向内、由大到小绘出,完成各个视图的绘制。

(4)完成各个视图的绘制后,就进行尺寸标注。将标注内容分类,可以首先标注线性尺寸、角度尺寸、直径尺寸等比较简单的尺寸,然后标注带有尺寸公差的尺寸、最后标注几何公差及表面粗糙度。但是 AutoCAD 2016 中没有提供表面粗糙度符号,用户可以建立相应的表面粗糙度标注块,在标注时可以方便地多次插入标注。

(5)尺寸标注完成后,要根据需要标注技术要求和填写标题栏。

（6）最后，细心校对全图，查漏补缺。

6.3　绘制汽车零件图

1. 绘制从动轴零件图

从动轴是汽车机械结构中能量传递最常见的零件，绘制如图6-1所示的从动轴零件图。

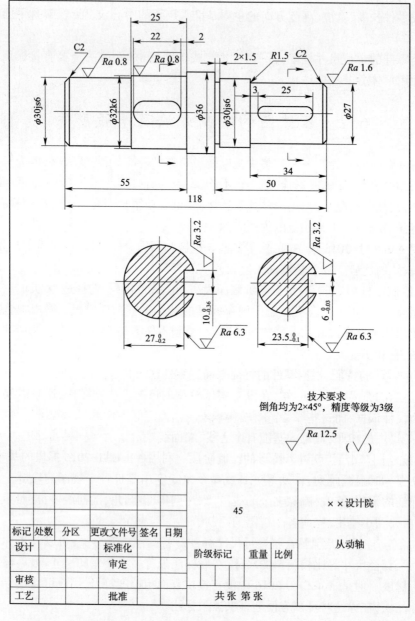

图6-1

1) 思路分析

从动轴主要由直线、圆、圆弧组成,从主视图上看,其结构是沿中心线上下对称的,所以可以先绘制中心线作为基准,然后以中心线为界绘制上半部分,最后利用镜像工具来完成整体零件图。

2) 操作步骤

(1) 建立相应图层,如图 6-2 所示,包括图层属性、文字样式、尺寸标注样式以及表面粗糙度标注块。

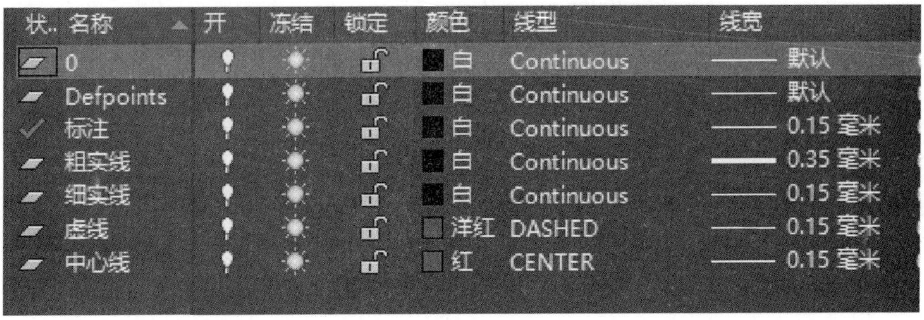

图 6-2

文字样式、尺寸标注样式可以采用标准样式,在后期标注时可再根据图纸比例调整全局比例因子,已适用图纸标注所需。

表面粗糙度标注块,先按照标注块尺寸大小绘制出表面粗糙度符号,然后使用【绘图工具栏】|【创建块】将绘制的符号创建成标注块,最后,使用【绘图工具栏】|【插入块】即可重复插入使用。

(2) 绘制一个 A4 图框,如图 6-3 所示。

(3) 将当前图层设置为【中心线】,使用【直线】工具绘制一段中心线,作为后续绘图的基准,长度要超过轴的总长度,可设为 130,如图 6-4 所示。

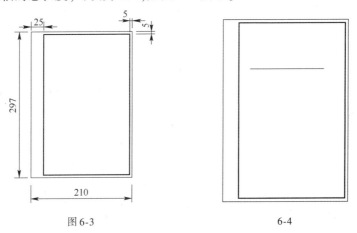

图 6-3　　　　　　　　　　6-4

(4) 将当前图层设置为【粗实线】,使用【直线】工具绘制出轴的上半部分,在此过程中会用到【偏移】工具,如图 6-5 所示。

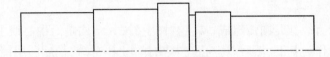

图 6-5

(5)使用【镜像】工具将轴的上半部分沿中心线对称,绘出轴的下半部分,如图 6-6 所示。

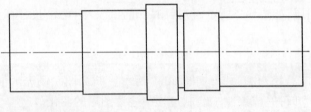

图 6-6

(6)绘制键槽。

先使用偏移工具绘制辅助线,再用【相切,相切,相切】的画圆命令画出两端的圆弧,使用【直线】命令连接两段圆弧,最后修剪和删除多余线条,完成绘制,如图 6-7 所示。

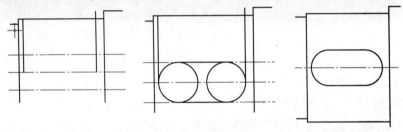

图 6-7

(7)使用相同的方法绘制两个键槽,如图 6-8 所示。

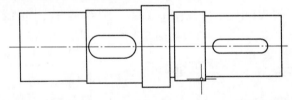

图 6-8

(8)使用【倒角】工具绘制两端倒角,倒角距离为 2,倒角角度为 45°,然后用直线工具连接倒角后的端面线,如图 6-9 所示。

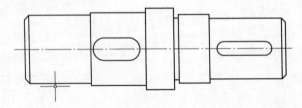

图 6-9

(9)使用【多段线】绘制剖面图剖切符号,使用宽度选项修改多段线的宽度,拉出箭头,绘制一个然后复制后镜像即可,如图 6-10 所示。

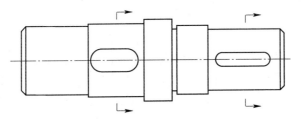

图 6-10

(10) 在剖面图剖切符号的正下方绘制断面图,先绘制两条垂直的中心线,使用【圆】工具,以中心线交点为圆心绘制断面图,如图 6-11 所示。断面图绘制完成后使用【图案填充】工具,填充上剖面线,即可完成绘制。绘制过程中注意图层的变化。

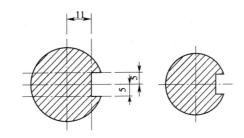

图 6-11

(11) 用同样的方法绘制另一个键槽的断面图,完成后如图 6-12 所示。

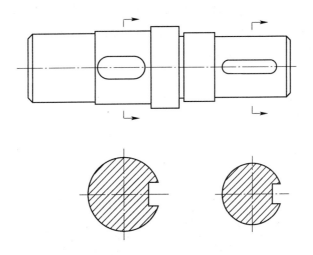

图 6-12

(12) 图形绘制完成后,下一步就是进行标注了。将当前图层设置为标注图层,首先标注零件尺寸,注意中心线与尺寸文字重合时,需要将中心线打断,如图 6-13 所示。

(13) 使用【插入块】命令,标注零件的表面粗糙度,如图 6-14 所示。

(14) 使用【文本】工具,标注技术要求。

(15) 最后,使用【表格】工具添加标题栏,填入标题栏信息,完成所有绘制。总结,整理零件图绘制思路和基本流程。

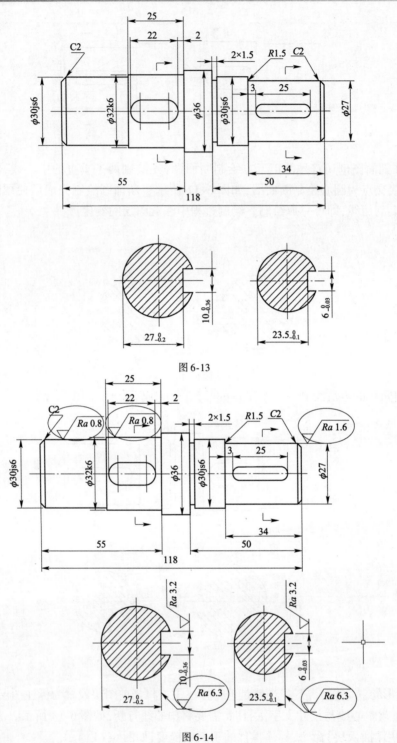

图 6-13

图 6-14

2. 绘制主轴承盖零件图

主轴承盖也是汽车机械结构中常见的零件,绘制如图 6-15 所示的主轴承盖零件图,细节如图 6-16、图 6-17 所示。

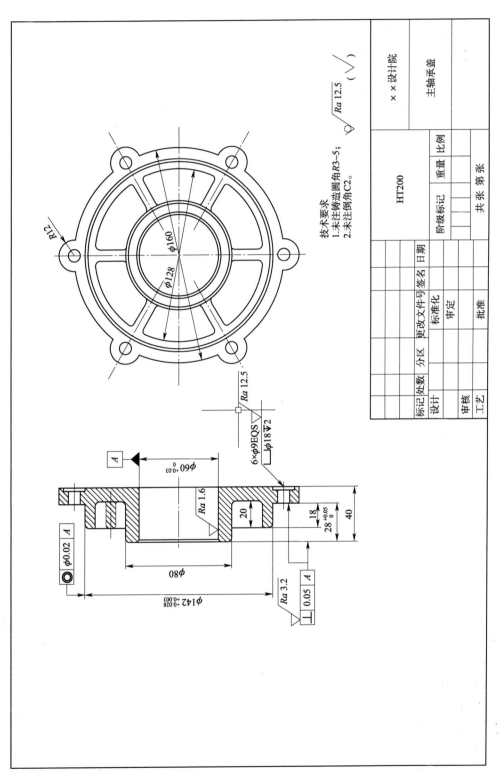

图 6-15

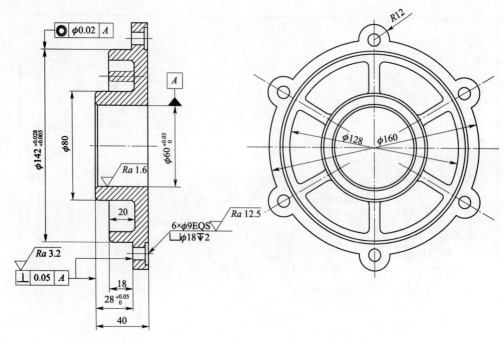

图 6-16

技术要求
1.未注铸造圆角R3~5；
2.未注倒角C2。

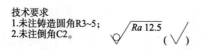

						HT200			××设计院	
标记	处数	分区	更改文件号	签名	日期					
设计			标准化			阶级标记	重量	比例	主轴承盖	
			审定							
审核										
工艺			批准			共张 第张				

图 6-17

1）思路分析

因为左视图主要是由圆组成，绘制较为方便，所以先绘制左视图，然后再根据左视图与主视图的对应关系绘制出主视图。

2）操作步骤

（1）绘制图框，绘制一个 A2 的图框，如图 6-18 所示。

（2）将当前图层设置为【中心线】图层，使用【直线】工具绘制中心线。然后切换到【粗实线】图层，根据所给尺寸，使用【圆】工具绘制同心圆，如图 6-19 所示。

（3）绘制左视图的通孔和肋板，如图 6-20 ~ 图 6-25 所示。

（4）绘制主视图：主视图上下对称，只需要绘制一半即可；然后使用镜像绘制另外一半，如图 6-26 ~ 图 6-34 所示。

第 6 章 汽车零件图绘制

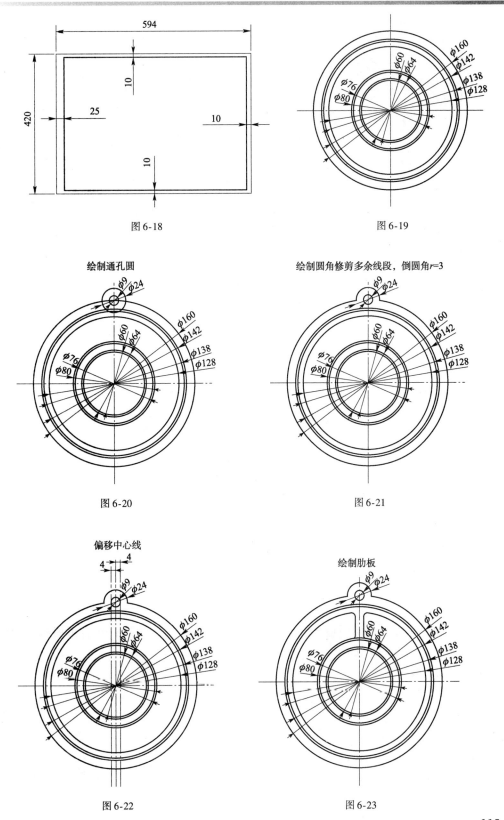

图 6-18

图 6-19

绘制通孔圆

图 6-20

绘制圆角修剪多余线段，倒圆角 $r=3$

图 6-21

偏移中心线

图 6-22

绘制肋板

图 6-23

阵列通孔和肋板　　　　　　　　　修剪线段，完成左视图绘制

使用辅助线绘制主视图轮廓

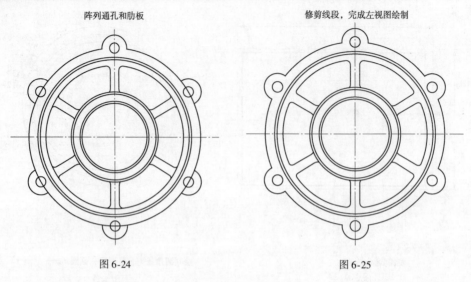

图 6-24　　　　　　　　　　　　图 6-25

图 6-26

使用偏移工具绘制出通孔和肋板的结构　　　　修剪掉多余线段，注意转化为粗实线

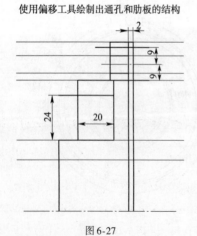
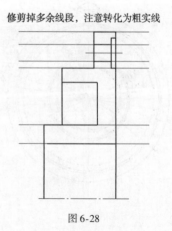

图 6-27　　　　　　　　　　　　图 6-28

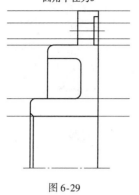

图 6-29

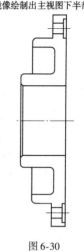

图 6-30

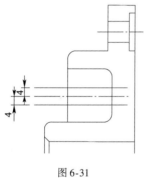

图 6-31

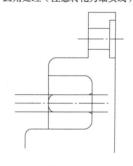

图 6-32

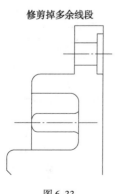

图 6-33

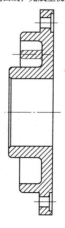

图 6-34

（5）标注，将当前图层设置为【标注】。标注零件的基本尺寸，如图 6-35 所示。

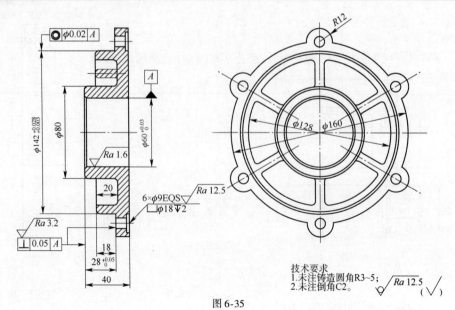

图 6-35

课后练习

1. 绘制踏脚支座零件图,如图 6-36 所示。

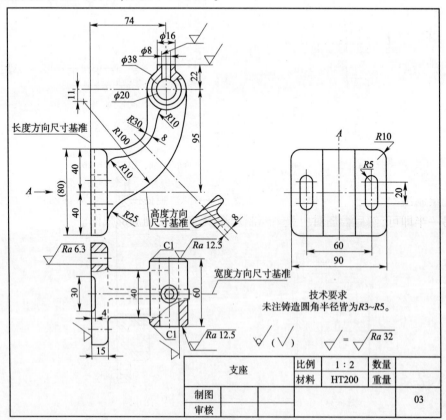

图 6-36

【提示】

先绘制出中心线作为绘图基准,接着绘制俯视图,俯视图是一个对称图形,绘制一半,再镜像另一半即可,然后根据对应关系绘制主视图,最后绘制局部视图。

2. 绘制泵体零件图,如图 6-37 所示。

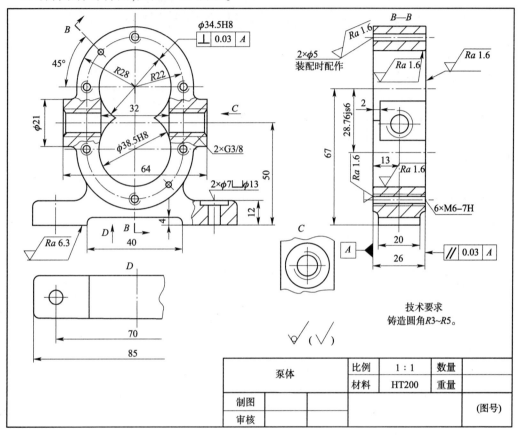

图 6-37

【提示】

先绘制出中心线作为绘图基准,接着绘制主视图,主视图是一个对称图形,绘制一半,在镜像另一半即可,然后根据对应关系绘制左视图,最后绘制局部视图。

第 7 章 汽车装配图绘制

装配图主要表达机器或部件的结构形状、装配关系、工作原理和技术要求等,是设计、制造、使用、维修以及进行技术交流的重要技术文件。设计时,一般先画出装配图,再根据装配图绘制零件图。装配时,则根据装配图把零件装配成部件或机器。因此装配图又是安装、调试、操作和检修机器或部件的重要参考资料。由此可见,装配图在生产中起着非常重要的作用。

 教学目标

1. 熟练按照要求规范的绘制装配图。
2. 掌握装配图的绘制方法和步骤。

7.1 装配图的绘制方法

利用 AutoCAD 2016 绘制装配图可以采用以下几种方法:直接绘制装配图、零件图块插入法、带基点复制图形文件插入法以及利用设计中心拼画装配图等方法。

1. 直接绘制

在生产实践中,特别是新产品的设计时,一般先画出装配图,然后再根据装配图拆画出各个零件图,这样得到的零件图在加工完成后进行安装时,会极大地减少零件与零件无法匹配安装的问题。其绘制过程与绘制零件图相似。在绘制过程中,要用到对象捕捉及正交等绘图辅助工具帮助进行精确绘制,并用对象追踪来保证视图之间的投影关系。

2. 零件图块插入法

零件图块插入法,即是将组成部件或机器的各个零件的图形先创建为图块,零件间的相对位置关系,将零件图块逐个插入,拼画成装配图的一种方法。

如果插入块的图线与其他图线重合时,需要先将插入的块分解,然后进行编辑。

3. 复制图形文件插入法

打开一个零件图,选定需要的一个图形,用带基点复制方式,确定插入的基点,然后转换到装配图界面,用粘贴命令将基点放在安装的位置再单击即可。

用这种方式插入的图线与其他图线重合时,可以直接对其进行编辑。

7.2　绘制装配图的一般步骤

装配图的绘制过程与绘制零件图相似,但又具有自身的特点,其一般绘制过程如下。

(1)在绘制装配图之前,要建立图纸图框、图层、使用文字的一般样式、尺寸标注的一般样式、多重引线标注的一般样式、表格的一般样式等。

可以在绘制之前,根据图纸幅面大小和版式的不同,分别建立符合机械制图国家标准的若干机械图样模板。模板中包括了图框、图层,文字样式等,这样在绘制装配图时,就可以直接调用建立好的模板进行绘图,这样有利于提高工作效率。

(2)绘制装配图。

(3)对装配图进行尺寸标注。只需标注规格(性能)尺寸、装配尺寸、安装尺寸、总体尺寸等。

(4)标注零部件序号,序号要沿水平或垂直方向按顺时针(或逆时针)顺次排列整齐标注,并尽可能均匀分布。

(5)制作明细栏,填写明细栏、标题栏,标注技术要求。

7.3　复制图形插入法绘制装配图

例:绘制如图7-1所示的定滑轮装配图。

首先,按照装配图零件编号,依次画出1~7号零件图,如图7-2~图7-8。

【操作步骤】

(1)新建一个图形文件,以零件文件为图形样板,用于绘制装配图。

(2)首先打开"支架"零件文件,如图7-8所示,将零件图"标注"图层关闭。

选中主视图和左视图,【菜单栏】|【编辑】|【带基点复制】,选择主视图的左下角点为复制基点,复制主视图和左视图,如图7-9所示。

进入装配图文件中,【菜单栏】|【编辑】|【粘贴】,在适宜的位置点击左键,将支架零件图放入装配图中。

(3)打开"心轴"零件图,关掉标注层,使用【带基点复制】复制心轴,基点选择和粘贴点如图7-10所示。

插入心轴后的装配图主视图修改,包括剖面线、重合的线段等,如图7-11所示。注意左视图也有变化,如图7-12所示。

(4)打开"油杯"零件图,将标注图层关掉,将油杯主视图使用【带基点复制】复制到装配图中,基点如图7-13所示。装配完成图如图7-14所示,修改之后如图7-15所示。

(5)打开"旋盖"零件图,将"标注"图层关掉,将旋盖使用【带基点复制】插入到装配图中。基点如图7-16所示,装配完成图如图7-17所示,修改后如图7-18所示。

(6)打开"滑轮"零件图,将标注图层关闭,使用【带基点复制】插入到装配图中,基点如图7-19所示,装配完成图如图7-20所示,修改后如图7-21所示。

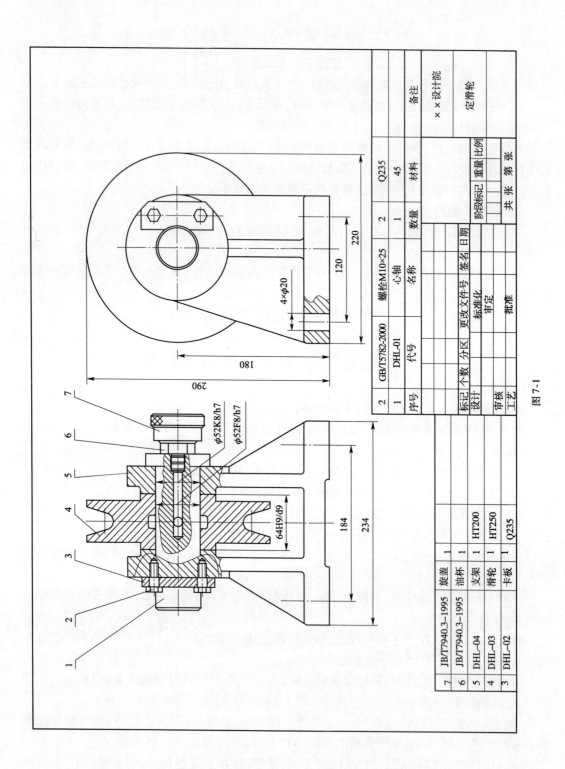

图 7-1

第 7 章 汽车装配图绘制

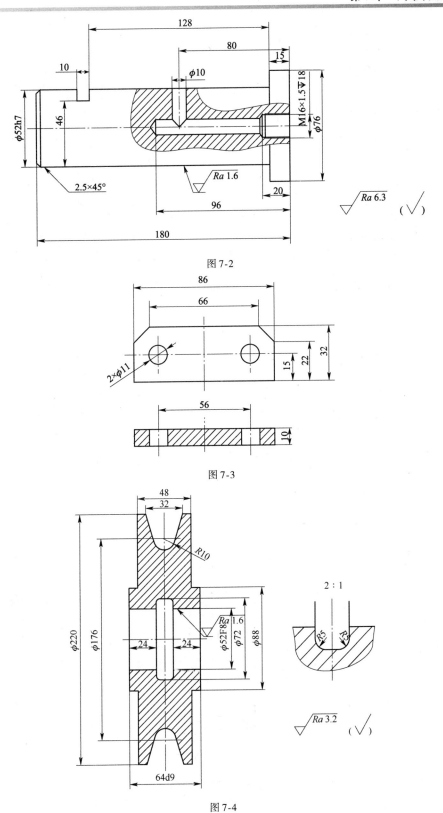

图 7-2

图 7-3

图 7-4

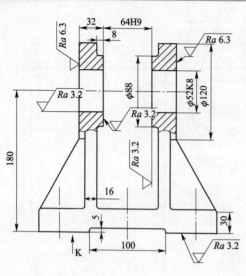
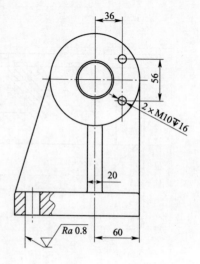

图 7-5

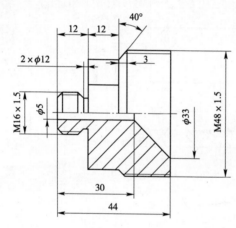
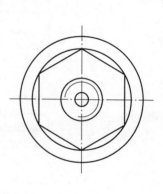

图 7-6

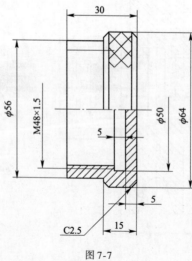

图 7-7

第 7 章　汽车装配图绘制

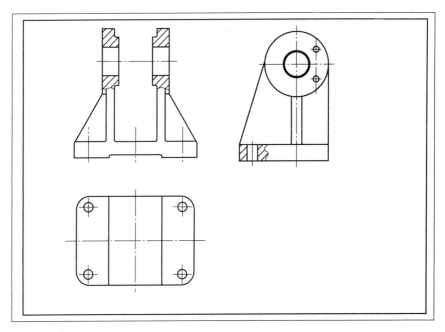

图 7-8

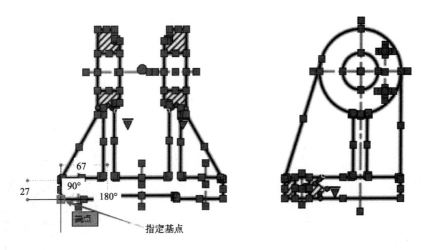

图 7-9

（7）打开"卡板"零件图，将标注图层关掉，使用【带基点复制】插入到装配图中，基点随意选择，卡板图形需要在装配图中进行旋转调整。卡板旋转后定位如图 7-22 所示，局部剖视图和螺纹孔见图 7-23，装配后效果见图 7-24。

（8）至此定滑轮装配图的绘制就完成了。下一步就是基本尺寸标注、添加图框、标题栏和明细栏，最后标注技术要求。完成如下图 7-26 所示。

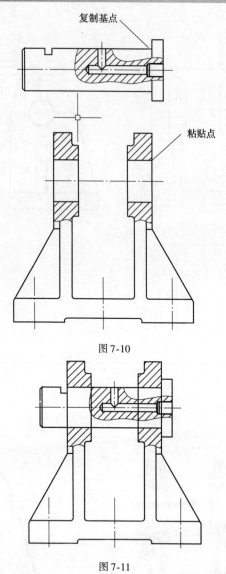

图 7-10

图 7-11

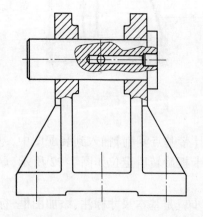
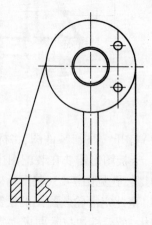

图 7-12

第 7 章 汽车装配图绘制

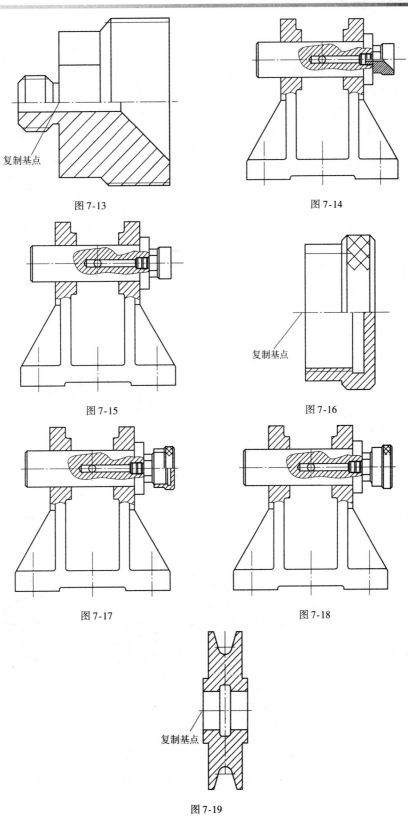

图 7-13　　　　　　　　图 7-14

图 7-15　　　　　　　　图 7-16

图 7-17　　　　　　　　图 7-18

图 7-19

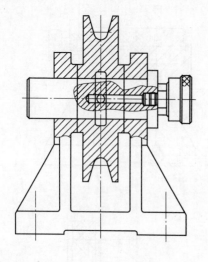

图 7-20

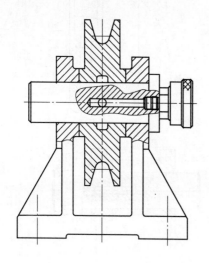
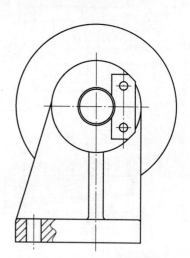

图 7-21

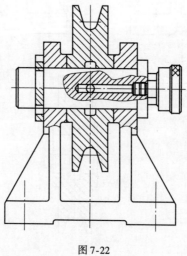

图 7-22

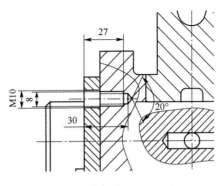

图 7-23

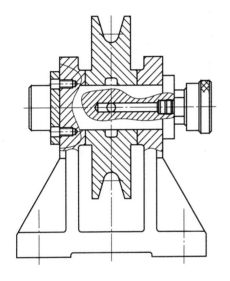

图 7-24

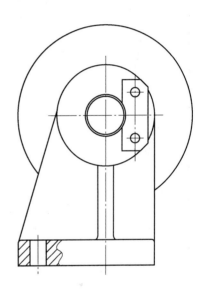

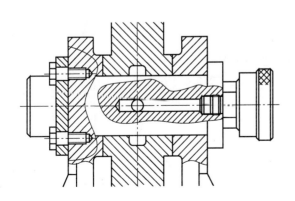

图 7-25

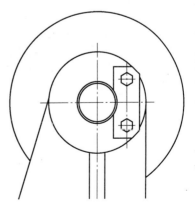

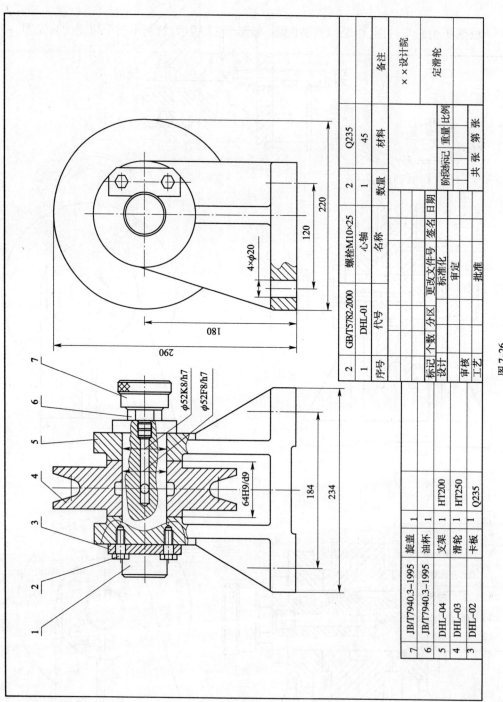

图 7-26

课后练习

根据所给的零件图,组装球阀装配图,如图 7-27 所示,绘制出三个视图的装配图。

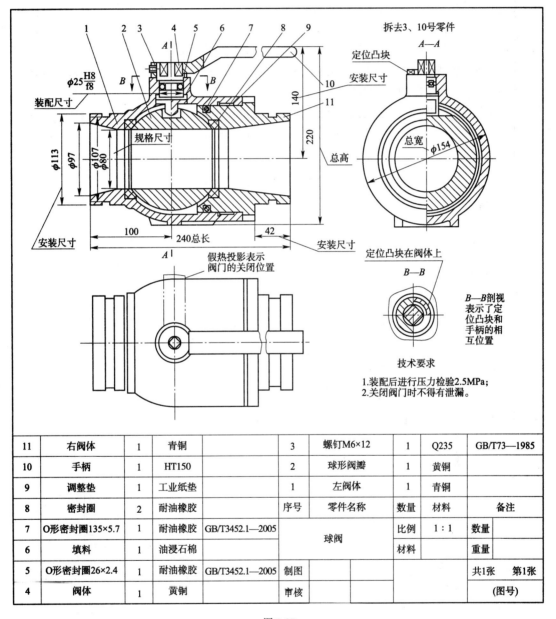

图 7-27

参 考 文 献

[1] 房芳,陈婷,李东兵. 汽车机械识图[M]. 人民邮电出版社,2012.
[2] 房芳,陈婷,李东兵. 汽车机械识图习题集[M]. 人民邮电出版社,2012.
[3] 刘小年,陈婷. 机械制图[M]. 机械工业出版社,2010
[4] 谢龙汉 徐振华 卢嘉贤. AutoCAD 2014 机械设计与制图[M]. 机械工业出版社,2015.
[5] 李威,蔡晋,张佳,等. 中文版 AutoCAD 2016 机械设计实例教程/精品实例教程丛书[M]. 清华大学出版社,2015.
[6] 王春霞,汪洋,谌艳. AutoCAD 2016 中文版基础教程[M]. 中国青年出版社,2015.